UPCYCLED
HOMES

ANTONIA EDWARDS

UPCYCLED HOMES

EINZIGARTIG, INNOVATIV & NACHHALTIG WOHNEN

Aus dem Englischen von Gabi Krause

Deutsche Verlags-Anstalt

INHALT

Einführung
7

RECLAIMED AUS
ALT MACH NEU

Atlanta Treehouse
12

Collage House
18

Whitehorse
26

747 Wing House
32

Saigon House
38

Remisenpavillon
44

Love Art Studio
50

Cañon City Container Cabin
58

Telegraph Pole House
64

Hut on Stilts
72

Tiny Texas Houses
78

Casa El Mirador
84

HemLoft
90

REVIVED FRISCHES
FLAIR IN ALTEN MAUERN

York House Apartment
98

White House
104

Tiny House
110

Appartamento Chic Fish
116

Astley Castle
122

Apartamento Eixample
130

Apartment Russell/Fontanez
136

Home B
142

Sommer Apartment
150

REIMAGINED KREATIVE
ZWECKENTFREMDUNG

Alpine Barn Apartment
160

Light Studio
168

Garage Loft
176

La Fábrica
182

Tribeca Loft
190

Carlton North Apartment
198

Chapel on the Hill
204

White Room
210

Kent Reservoir
216

Le Moulin & Le Four
224

Fitzroy Loft
230

Pavillon d'Été
236

The Berlin Loft
242

Designer & Architekten
251

Bildnachweis
252

Dank
253

EINFÜHRUNG

In diesem Buch werden einzigartige Wohnobjekte aus aller Welt vorgestellt, die durch Upcycling entstanden sind – also durch Wiederverwendung und Aufwertung alter Materialien. In meinem letzten Buch *Upcyclist: Reclaimed and Remade Furniture, Lighting and Interiors* (2015) habe ich mich mit dem Thema Inneneinrichtung beschäftigt. Im Vordergrund stand dabei der ästhetische Mehrwert von Upcycling-Unikaten, weniger ihr ökologischer Nutzen. Das vorliegende Buch setzt nun den Fokus jedoch auf beide Aspekte. Die präsentierten Wohnräume belegen, dass Wiederverwertung durchaus etwas Künstlerisches hat und dass gutes Design zeitlos ist. Den Architekten und Designern ging es dabei zum einen um den Erhalt historischer Bausubstanz, zum anderen aber auch um den sparsamen Umgang mit Ressourcen sowie um kostengünstigeres Bauen. Jedes der hier vorgestellten Projekte zeigt, wie durch fantasievolle Verwendung von Dingen, die andere als wertlos und unbrauchbar wegwerfen, ein schönes, zeitloses Zuhause entstehen kann.

Im Zeitalter der Sharing Economy, in der private Wohnungsbesitzer auf Webportalen wie *Airbnb* mit Hotels konkurrieren, wächst die Nachfrage nach außergewöhnlichen Unterkünften. Heute haben wir die Möglichkeit, in originellen, individuellen, »bewohnten« Unterkünften zu logieren, und kommen damit in den Genuss von Wohnerlebnissen, die herkömmliche Hotels kaum bieten können. Die Wohnungen und Häuser anderer Menschen öffnen uns die Augen für individuelle architektonische Konzepte und Interieurs jenseits des Mainstreams. Zugleich machen sie Lust auf unkonventionelles Wohnen.

Ein weiteres Merkmal unserer Zeit ist die wachsende Anzahl von Webseiten und Büchern, die die Vorzüge des Wohnens in Mini-Häusern, Blockhütten, Baumhäusern & Co. präsentieren – ein typisches Indiz für das allgemeine Bedürfnis, der Hektik des Stadtlebens zu entfliehen. Der Reiz dieser Wohnobjekte liegt nämlich gerade in ihrer Einfachheit – heute ein Luxus, nach dem sich viele sehnen. Die Kunst, sich auf Wesentliches zu beschränken und Bestehendes zu nutzen, schafft Oasen der Ruhe in unserer reizüberfluteten Welt. Der Trend hin zum Miniatur-Haus macht besonders deutlich, dass viele Menschen Geschmack daran finden, minimalistisch und naturverbunden zu wohnen. Eventuell spielen hier auch Kindheitserinnerungen eine Rolle, denn wer von uns hat früher nicht mit Begeisterung Hütten oder Höhlen gebaut?

Wiederverwertung ist nicht immer die schnellste oder kostengünstigste Option. Alte Materialien müssen zunächst gefunden, gereinigt und aufbereitet werden. Altbauten müssen im Hinblick auf Statik, Nässebeständigkeit und Wärmedämmung saniert werden, was sich als sehr arbeits- und kostenintensiv erweisen kann. Wer sich auf diese Herausforderung einlässt, wird dafür mit einem Zuhause belohnt, das – wie dieses Buch sehr schön vor Augen führt – deutlich mehr Charme besitzt als jeder Neubau.

Dieses Buch ist in drei Kapitel unterteilt: *Reclaimed – Aus Alt mach Neu*, *Revived – Frisches Flair in alten Mauern* und *Reimagined – Kreative Zweckentfremdung*. Im ersten Teil werden Häuser präsentiert, die teilweise oder vollständig aus Altmaterialien entstanden sind, etwa aus Schiffscontainern, Telegrafenmasten, Eisenbahnschwellen oder Flugzeugteilen. Im zweiten Kapitel finden sich Häuser, die mit Blick auf die Erhaltung und Hervorhebung ihres ursprünglichen Charmes behutsam saniert, renoviert und in manchen Fällen durch Upcycling- und Vintage-Elemente ergänzt wurden. Der dritte Teil ist Gebäuden gewidmet, die ursprünglich einem anderen Zweck dienten und in Wohnraum umgebaut wurden, wie etwa eine ehemalige Methodistenkirche, eine alte Schokoladenfabrik, ein Gartenatelier und ein Kuhstall.

Angesichts der Millionen Tonnen Bauschutt, die jedes Jahr auf Mülldeponien landen, wird Wiederverwertung mehr und mehr zu einem Muss. Dank Individualität und Kreativität, wie sie die Architekten, Designer und Trendsetter mit den in diesem Buch vorgestellten Projekten unter Beweis gestellt haben, entstanden vielfältige und spannende Wohnkonzepte. Dabei ging es nicht einfach nur um die Wiederverwendung von Gebrauchtem oder um die Nutzung von Bestehendem, sondern darum, einen Bogen zwischen Vergangenheit und Zukunft, zwischen Altem und Neuem zu spannen.

Individuell maßgeschneiderte Lösungen sind der Schlüssel zu gelungenem Wohnraumdesign, denn unsere Wohnung ist ein Teil von uns und entwickelt sich mit uns weiter. Relikte aus der Vergangenheit müssen nicht in einer Zeitkapsel aufbewahrt werden, sondern finden ihren Platz im Hier und Jetzt. Wiederverwendung und Upcycling befriedigen unsere Sehnsucht nach den guten alten Dingen, werden gleichzeitig aber auch den geänderten Erfordernissen der modernen Zeit gerecht.

ANTONIA EDWARDS BEGRÜNDERIN VON UPCYCLIST.CO.UK

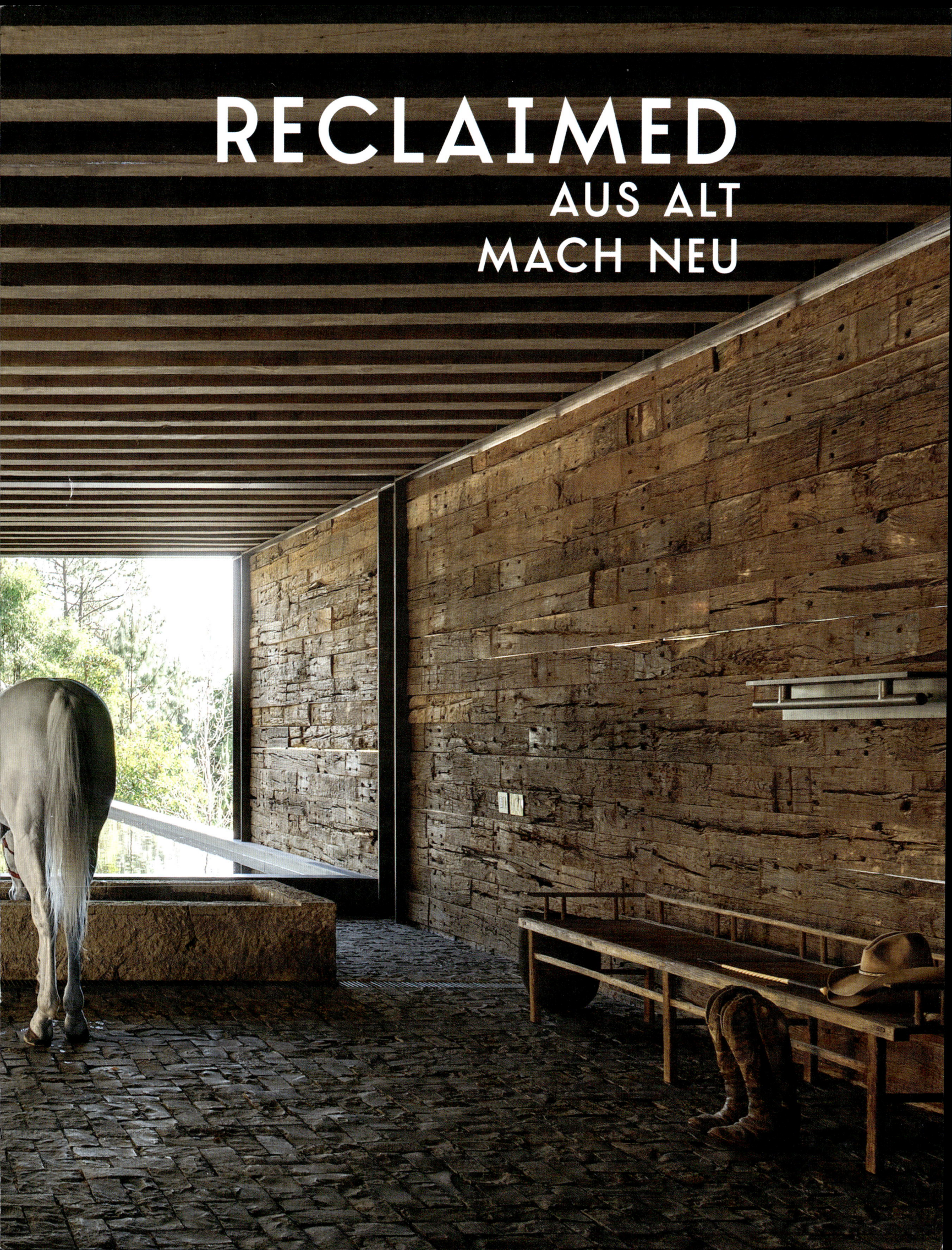
RECLAIMED
AUS ALT MACH NEU

ATLANTA TREEHOUSE

PETER BAHOUTH | GEORGIA, USA

Das Atlanta Treehouse ist, obwohl mitten in der Stadt gelegen, eine grüne Oase der Ruhe und steht im *Airbnb*-Ranking an erster Stelle der weltweit beliebtesten Unterkünfte – die Gäste beschreiben ihre Erfahrungen dort als geradezu magisch und Augen öffnend.

Entworfen hat dieses Baumhaus der Umweltaktivist Peter Bahouth – leitendes Mitglied von Greenpeace USA, der Ted Turner Family Foundation und des US Climate Action Network. In der verbleibenden Zeit widmet er sich der Stereofotografie.

Vor 16 Jahren erfüllte sich Bahouth seinen Traum und baute drei Baumhäuser in einem Wäldchen unweit seines Hauses. Die Häuser entstanden aus Altholz, das er nach und nach zusammentrug. Dabei machte er so manchen Glücksfund, etwa ein altes Fenster, das genau in die dafür vorgesehene Öffnung passte. Jemand hatte es quasi bei ihm um die Ecke als Sperrmüll auf die Straße gestellt. Andere Fenster baute er aus Altholz von Wertstoffhöfen, und ein nicht minder glückliches Händchen hatte er bei ein paar alten Restauranttüren.

Bahouth sagt: »Es sollte nicht nach Fertighaus aussehen, und außerdem wollte ich nicht mitten zwischen die Bäume Häuser setzen, die jegliche Achtung vor den Bäumen vermissen lassen. Dinge aus Holz sollten länger genutzt werden, als der Baum zum Wachsen gebraucht hat.«

Die Liebe zum Außergewöhnlichen hat Bahouth von seiner Mutter, die ihn in seiner Kindheit oft auf Flohmärkte mitnahm. »Schon als Kind habe ich alles Mögliche gesammelt und aufbewahrt«, erklärt er. »Ich mag schöne alte Dinge und freue mich, wenn ich etwas besitze, was nicht jeder hat. In den USA kann man in allen Städten dieselben Hemden kaufen, und auch die Straßen sehen überall gleich aus. Die Menschen fangen allmählich an, das zu merken.«

Bahouth glaubt, dass seine Baumhäuser vor allem deshalb so gut ankommen, weil sie anders sind. »In unserer genormten Welt wollen die Menschen Unterkünfte, die sich vom Gängigen unterscheiden. Hotelzimmer gleichen sich bekanntlich wie ein Ei dem anderen. Heute sind aber viele auf der Suche nach etwas Besonderem. Da muss man sich schon etwas einfallen lassen.«

Überraschenderweise kommen die meisten seiner Gäste aus Atlanta – offenbar nicht auf der Suche nach einer Unterkunft, sondern nach einem neuen, naturmagischen Wohngefühl. »Den Menschen gefällt es, mitten in der Stadt und doch im Grünen zu wohnen. Hier erleben sie die Naturverbundenheit von Camping gepaart mit dem Komfort eines bequemen Bettes«, sagt Bahouth. »Wenn ich die Leute herumführe, zeige ich ihnen auch die 150 Jahre alte Kiefer, die wir den ›alten Wächter‹ nennen. Das bringt sie dazu, auch mal nach oben zu gucken, statt immer nur auf Displays zu starren.«

AUS ALT MACH NEU

ABBILDUNGEN

Seite 13 und 14 oben rechts: Bahouth hatte sich immer ein Bett gewünscht, das man nach draußen rollen kann, um unter freiem Himmel zu schlafen. Vom Schlafzimmer seines Baumhauses aus blickt man auf Bäume und einen kleinen Bach.

Seite 14 oben links: Das Design des Baumhauses sollte zu den umliegenden Bäumen passen, wurde aber auch durch die verwendeten Recycling-Materialien geprägt, unter anderem durch die über 70 Jahre alten Doppelglasfenster.

Seite 14 unten: Das Baumhaus besteht aus drei Räumen, die über nachts romantisch beleuchtete Hängebrücken miteinander verbunden sind. Es ist an sieben Bäumen befestigt, darunter eine 150 Jahre alte Kiefer mit dem Spitznamen der »alte Wächter«.

Seite 15: Als begeisterter Sammler hat Bahouth sein Baumhaus liebevoll mit Antiquitäten und Flohmarktschnäppchen ausgestattet. Das große Wohnzimmerfenster war einer der letzten Funde und passte zufällig genau in die Öffnung.

Seite 16: Die drei Räume des Baumhauses heißen »Spirit«, »Mind« und »Body«. Das Zimmer des Geistes ist eine um den höchsten der sieben Bäume herum gebaute verglaste Plattform, das Zimmer des Verstandes fungiert als Wohnzimmer und das des Körpers als Schlafzimmer.

COLLAGE HOUSE

S+PS ARCHITECTS | MAHARASHTRA, INDIEN

Shilpa Gore-Shah und Pinkish Shah sind Mitbegründer und Chef-Designer des mehrfach ausgezeichneten Architekturbüros S+PS Architects. Die beiden sind Absolventen des Sir J. J. College of Architecture in Mumbai und der University of New Mexico in Albuquerque.

Das in Collagetechnik gestaltete Gebäude besticht durch seine spontan anmutende, eklektische Formensprache, geprägt durch die verwendeten Fundstücke und inspiriert vom bunt zusammengewürfelten Stadtbild Mumbais. »Mit einer gewissen Sorge beobachteten wir, dass Nachhaltigkeit beim Bauen mehr und mehr auf Grundlage eines Punktesystems bewertet wurde. Es ging nur noch darum, umweltfreundliche Häuser aus entsprechenden Materialien zu bauen. Leider war das Ergebnis oft erschreckend banal und seelenlos«, erklärt Gore-Shah. »Cameron Sinclair, Mitbegründer von Architecture for Humanity, hat einmal gesagt: ›Ein schönes Haus wird von den Menschen geliebt, und ein solches Haus ist nachhaltiger als jedes andere auf der Welt‹. Wir wollten etwas schaffen, was unseren Lebensraum schöner und fröhlicher gestaltet, und gleichzeitig demonstrieren, was man aus gebrauchten Dingen alles machen kann, wenn man sie fantasievoll verwendet. Unsere Materialien besitzen alle eine gewisse Patina und sind imprägniert mit wundervollen Erinnerungen an eine andere Zeit. Dieses Flair lässt sich mit neuen Materialien nicht erzielen.«

Das Collageprinzip spiegelt sich bereits in der aus alten Fenstern und Türen zusammengesetzten Fassade wider und setzt sich auch im Inneren des Hauses fort. Für die Fassade wurden Altmetall, Steinfliesen, Rohrstücke und vor Ort gefundene Steine verwendet, für den Bodenbelag im Inneren alte Pfetten und Sparren aus burmesischem Teakholz. Die Inneneinrichtung besteht aus Upcycling-Einrichtungsstücken, die zwanglos mit antiken und Kolonialstilmöbeln kombiniert werden.

»Für uns beide, die wir die meiste Zeit unseres Lebens in Mumbai verbracht haben, führt kein Weg an der einfachen Wohnweise in den Stadtrandsiedlungen vorbei. Hier leben immerhin 50 Prozent der Einwohner«, sagt Shah. »Von ihnen kann man eine ganze Menge lernen. Wir wollten nicht nur Baustoffe upcyceln, sondern auch Ideen, Know-how und Erfahrungen, ohne sie nostalgisch zu überhöhen. Außerdem wollten wir einen Weg finden, diese Ideen einem breiten Publikum schmackhaft zu machen. Indien ist ein armes Land, aber überall im Alltag sieht man, was man mit etwas Fantasie aus wenig machen kann. Nichts wird weggeworfen. Alles wird so lange wiederverwertet, bis es wirklich nicht mehr zu gebrauchen ist. Seit der wirtschaftlichen Liberalisierung in den 1990er-Jahren und der zunehmenden Globalisierung wird aber auch in Indien immer mehr Müll produziert, vor allem in den Städten, und überall entstehen riesige Müllhalden. Leider machen wir die gleichen Fehler wie der Westen, obwohl wir eigentlich bewährte Müllvermeidungsstrategien hätten. Auf diese wollten wir uns bei unserem Projekt zurückbesinnen, gleichzeitig aber auch im Rahmen des architektonisch Möglichen den Bogen zur Jetztzeit schlagen. Unserer Meinung nach führt nur ein ganzheitlicher Ansatz zum Erfolg. In Indien steht alles Neue, Westliche, hoch im Kurs, weshalb traditionelles Wissen leider bisweilen in den Hintergrund rückt. Designer werden versuchen müssen, beides unter einen Hut zu bringen, indem sie Altbewährtes in neuem, attraktiverem Gewand präsentieren.«

RECLAIMED

AUS ALT MACH NEU

ABBILDUNGEN

Seite 19: Das Collage House ist ein dreistöckiges Wohnhaus in Navi Mumbai und wurde für eine Vier-Generationen-Familie gebaut. Die auffällige Eckfassade besteht aus alten Fenstern und Türen von mittlerweile abgerissenen Häusern. Das Grundgerüst des Hauses ist aus Beton.

Seite 20 oben: Die Eckfassade kreiert im Inneren ein hübsches Ambiente. Das bunte Fensterglas stammt aus Dharavi, einem der größten Slums und Recycling-Zentren in Indien. Der bunte Stuhlbezug ist aus *Chindi*, einem Stoff aus recycelten Textilabfällen.

Seite 20 unten, und 21: Eine an Bambus erinnernde »Rohrwand«. Hierfür wurden alte, auf Schrottplätzen gefundene Rohrstücke ineinandergesteckt. Das Ganze ist ein Ensemble aus Fallrohren, die das Wasser des Monsunregens über einen Auslauf in einen unterirdischen Wassertank leiten. Der Wassertank liegt versteckt unter einer Schicht aus Steinen, die aus der Umgebung zusammengetragen wurden. Der bunte Pflanztrog ist mit kostenlos bezogenen Musterfliesen verkleidet.

Seite 22: In das Drahtgeflecht des Fahrstuhlkäfigs wurde ein traditionelles indisches Muster eingearbeitet.

Seite 23 oben: Die Fenster und Türen der Fassade stammen von Do Tanki, einem Recycling-Markt in Mumbai.

Seite 23 unten: Die Mauern im Erdgeschoss wurden aus vor Ort gefundenen Steinen gebaut.

Seite 24: Eine Mauer der Rückfassade ist mit zusammengenieteten Altmetallplatten verkleidet, die von einer Abwrackwerft stammen. An anderen Stellen besteht die Wandverkleidung aus Steinverschnitt oder Bauschutt.

WHITEHORSE

DESIGNBUILDBLUFF | UTAH, USA

Das Studentenprojekt DesignBuildBLUFF wurde im Jahr 2000 von dem Architekten Hank Louis in Zusammenarbeit mit der University of Utah ins Leben gerufen, 2013 übernahm José Galarza die Leitung des Pojektes. Projektpartner ist die Navajo-Gemeinde in Bluff, einer kleinen Siedlung im US-Bundesstaat Utah. Der Ort liegt in der Region Four Corners und gehört als Teil des Navajo-Nation-Reservats einem der größten Stämme der amerikanischen Ureinwohner. Mit fast 45 000 Quadratkilometern zählt das Reservat hinsichtlich Fläche und Bevölkerung zu den größten in den USA und erstreckt sich über Teile Utahs, Arizonas und den Nordwesten New Mexicos.

Das Projekt gibt Studenten die Gelegenheit, in einem multikulturellen Kontext praktische Erfahrungen zu sammeln, und macht ihnen gleichzeitig bewusst, dass die Aufgabe eines Architekten keinesfalls mit dem Entwurf erledigt ist. Die Studenten sollen vor Ort leben und arbeiten, sodass als positiver Nebeneffekt dringend benötigter Wohnraum im Siedlungsgebiet der Navajo geschaffen wird.

Jedes Jahr macht sich ein maximal 16-köpfiges Studententeam daran, ein Haus (meist ein Einfamilienhaus) zu entwickeln, das dann vom lokalen Navajo-Oberhaupt einem Stammesmitglied übergeben wird. Die Vorgabe lautet, mit beschränkten Mitteln nachhaltig zu bauen und dementsprechend alternative Baukonzepte zu erarbeiten, die den sozialen, kulturellen und ökologischen Gegebenheiten der Umgebung Rechnung tragen. Da hierfür nur vor Ort vorhandenes Material infrage kommt, setzen die Studenten zwangsläufig größtenteils auf Upcycling-Konzepte.

Die Ästhetik des Whitehorse-Gebäudes orientiert sich zum einen an den für die Region typischen Pfostenscheunen, zum anderen an den traditionellen Wohnhäusern der Navajo, den sogenannten *Hogans*. Der Bau wurde zu 90 Prozent aus Gebrauchtmaterialien gebaut – darunter alte Holzbalken und Stahlträger, Fenster, Türen, Telefonmasten, Bahnschwellen, Stadionbänke, Aluminiumreste, alte Verschalungsbretter sowie Holzpaletten, außerdem Einweckgläser und Krimskrams unterschiedlichster Art. Aus Altholzbrettern entstanden Treppenstufen, Bänke und Spaliere. »Oft bringen die Materialien die Studenten sogar auf Verwendungsideen, die weit über das Strukturelle hinausgehen«, erläutert Galarza. »Dank ihrer Neugier und Unbedarftheit entdecken die Architekturneulinge mitunter Potenziale, die ein Profi vielleicht nicht mehr sieht.«

Früher war Galarza als Mitbegründer in einem Recycling-Unternehmen im Westen von Massachusetts tätig. Dieses war Teil einer groß angelegten Initiative zur Einsparung von Kosten durch Wiederverwendung. Galarza erklärt: »Da Bauabfälle allmählich überhandnehmen, müssen Architekten und Hersteller lernen, Müll zu vermeiden. Das sogenannte Cradle-to-Cradle-Prinzip ist ein erster Schritt, mit dem Designer und Materialwissenschaftler der stetig steigenden Müllproduktion, einem typischen Phänomen des 20. Jahrhunderts, entgegenwirken wollen. Alte Holzbalken und -träger überdauern Jahrhunderte, können aber nach Erfüllung ihrer eigentlichen Funktion durchaus noch neuen Zwecken zugeführt werden. Echte Nachhaltigkeit in der Architektur heißt für mich, dass ein Gebäude entweder komplett kompostierbar ist, oder dass all seine Bestandteile wiederverwendbar sind. Ein Traum der es durchaus wert ist, verfolgt zu werden, nicht wahr?«

RECLAIMED

AUS ALT MACH NEU

29

ABBILDUNGEN

Seite 27: Das Whitehorse-Gebäude ist nicht ans Stromnetz angeschlossen und wird daher mit Solarstrom versorgt. Für die Anbringung der Paneele ist das rechteckige nach Süden ausgerichtete Dach geradezu ideal.

Seite 28 oben: Dank der erhöhten Bauweise auf alten Telegrafenmasten rund 1,20 Meter über dem Boden wird der allgegenwärtige Flugsand unter dem Haus hindurchgeleitet, sodass er sich nicht an der Hauswand zu Sandwehen auftürmt.

Seite 28 unten links: Die Fassadenverkleidung besteht aus Aluminiumpaneelen und alten Schiffspaletten.

Seite 28 unten rechts: Ein von den Studenten gebauter Raketenofen spendet Wärme an kalten Tagen. Das gesamte Interieur (Lampen, Teppiche, Schränke und Regale) besteht aus Recycling-Materialien.

Seite 29 oben: Bluff liegt am San Juan River im Südosten Utahs. Hier findet jedes Jahr ein internationales Heißluftballon-Festival statt.

Seite 29 unten: Der Geräteschuppen, in dem sich auch der Heißwasserspeicher befindet, wurde mit altem Wellblech verkleidet. Die Eingangstür ist aus Altholz.

Seite 30: Die Luft strömt unter dem Haus hindurch und sorgt so auf der hinteren Veranda für Kühlung. Das Vordach ist eine vereinfachte Variante der traditionellen Überdachungen und soll Schutz vor der extremen Hitze der Wüste bieten.

747 WING HOUSE

DAVID HERTZ FAIA & THE STUDIO OF
ENVIRONMENTAL ARCHITECTURE | KALIFORNIEN, USA

David Hertz angagiert sich seit über drei Jahrzehnten als Umweltaktivist und Architekt. 2004 erhielt er die LEED-Zertifizierung und 2008 wurde er in das College of Fellows des American Institute of Architects aufgenommen. Er ist Mitglied in diversen Fachgremien und Dozent für nachhaltiges Design. Sein eigenes Büro, das Studio of Environmental Architecture im kalifornischen Venice, ist auf nachhaltiges Bauen und restaurative Architektur spezialisiert.

Das 747 Wing House liegt in traumhafter Lage auf einem weitläufigen Grundstück im bergigen Hinterland Malibus. Dem Wunsch der Bauherrin nach geschwungenen Formen entsprach Hertz mit einer schwebenden Dachkonstruktion, die den Blick auf Berge, Täler, Pazifik und Inseln freigibt.

Die Idee, das Dach aus Flugzeugtragflächen zu bauen, kam Hertz bereits sehr früh. Nach einigen Recherchen probierte er im Modellversuch diverse maßstabsgetreu verkleinerte Bauteile aus. Dabei stellte sich heraus, dass die Tragflächen einer Boeing 747 mit jeweils 230 Quadratmetern Fläche am besten geeignet waren. Zudem würde der Blick nach draußen dank der selbsttragenden Dachkonstruktion nur minimal durch Pfeiler und Träger verstellt. »Eine 747 ist riesig – 70 Meter lang, fast 60 Meter breit und 19 Meter hoch. Der Frachtraum allein hat 480 Kubikmeter Fassungsvermögen. Das ist unglaublich viel Material für relativ wenig Geld«, sagt Hertz. Die alte Boeing (Baujahr 1977) erstand Hertz auf einem Abwrackplatz in der südkalifornischen Wüste zum Schrottwert von 35 000 Dollar. Fünf Autobahnen mussten gesperrt werden, damit die Tragflächen zum nächstgelegenen Flugplatz transportiert werden konnten. Von dort aus wurden sie dann mit einem Chinook-Transporthubschrauber zum Baugelände befördert. »Das hat die CO_2-Bilanz zwar kurzfristig extrem belastet, dafür wurden aber durch die Minimierung von Bauschutt und sonstigem Transport auch CO_2-Emissionen eingespart. Unterm Strich entsprechen die Einsparungen dem CO_2-Absorptionsvermögen von einem halben Hektar Wald.

Diverse größere Teile der Maschine, darunter Tragflächen und Höhenruder, wurden für den Hausbau verwendet, Teile des Rumpfes sowie eine Triebwerksverkleidung wurden zu einem Brunnen umfunktioniert. Insgesamt benötigte Hertz hierfür Baugenehmigungen von 17 verschiedenen Behörden. Auch die US-Flugbehörde wurde informiert und das Haus auf Karten eingezeichnet, damit es nicht für ein abgestürztes Flugzeug gehalten werden konnte. Hertz fügt hinzu: »Die Verwendung der Tragflächen hat das architektonische Konzept entscheidend mitgeprägt und zu weiteren neuen Ideen geführt. Unser Vorbild waren die Indianer, die von einem erlegten Büffel grundsätzlich alles verwerten. Daher haben auch wir versucht, ein Maximum aus dem vorhandenen Material herauszuholen. Später könnte man aus einem anderen Teil des Rumpfes noch ein Gästehaus bauen oder aus dem Bug einen Meditationsraum.«

Das Upcycling eines alten Flugzeugs wie im vorliegenden Beispiel bezeichnet Hertz als »radikale Form der Wiederverwertung«. »Downcycling wäre dagegen, ein Flugzeug einzuschmelzen, um Dosen daraus zu machen. Bei diesem Projekt wurde dank der Verwendung von modernem Flugzeugmaterial die graue Energie des Hauses reduziert und gleichzeitig der Rohstoffverbrauch minimiert. Fakt ist: Mit zunehmender Verknappung der Primärressourcen werden wir zwangsläufig auf die von uns weggeworfenen Materialien zurückgreifen müssen.«

RECLAIMED

AUS ALT MACH NEU

RECLAIMED

ABBILDUNGEN

Seite 33: Das 747 Wing House ist malerisch in den Hügeln von Malibu gelegen. Fünf Autobahnen mussten für den Transport der Tragflächen zum nächstgelegenen Flugplatz gesperrt werden. Der Weitertransport erfolgte per Hubschrauber.

Seite 34 oben: Die Cockpit-Fenster wurden zu Oberlichtern umfunktioniert und die Business-Class-Flugkabine dient nun als Hausdach. Dank Solarstrom, Fußbodenheizung, natürlicher Ventilation und Wärmeschutzverglasung ist das Haus technisch auf dem neuesten Stand.

Seite 34 unten: Die Tragflächen einer Boeing 747 sind leicht, aber robust und damit eigentlich ideal für den Bau eines Daches geeignet. Dieses hier ruht auf selbsttragenden rahmenlosen Glaswänden.

Seite 35: Die Idee mit der Boeing 747 kam vor allem deswegen auf, weil die Tragflächen genau die gewünschte Form hatten und den Blick auf die atemberaubende Landschaft nicht behindern.

Seite 36: Die Tragflächen scheinen über den in den Hügel hineingebauten Betonmauern zu schweben. Faktisch ruhen sie auf schlichten Stahlstreben, die an der Stelle, wo früher die Triebwerke waren, mit den Tragflächen verschraubt sind. Für sein 747 Wing House wurde Hertz 2012 mit dem American Architecture Award ausgezeichnet.

SAIGON HOUSE

A21STUDIO | HO-CHI-MINH-STADT, VIETNAM

Das preisgekrönte Saigon House wurde als dreistöckiges Wohnhaus für eine Vier-Generationen-Familie mit fünf Kindern in Ho-Chi-Minh-Stadt (dem ehemaligen Saigon) konzipiert. Es erinnert an das alte, im traditionellen vietnamesischen Baustil von dem Geschichtswissenschaftler Vuong Hong Sen wiederaufgebaute Van-Duong-Phu-Haus. Als der berühmte Historiker und Archäologe 1996 im Alter von 94 Jahren starb, vermachte er das Gebäude einschließlich der umfangreichen Antiquitätensammlung dem Staat, in der Hoffnung, seine Schätze würden so als Sammlung erhalten bleiben. Leider sollte sein Wunsch nicht in Erfüllung gehen, und viele Objekte wurden gestohlen. 18 Jahre lang war das Gebäude dem Verfall preisgegeben und aus dem architektonischen Schmuckstück wurde ein quirliges, lautes Straßenrestaurant.

Ho-Chi-Minh-Stadt ist weder kulturell noch architektonisch mit dem Saigon früherer Tage zu vergleichen. Architekt Toàn Nghiêm von a21studio erklärt: »Wir hatten Angst, dass die zukünftigen Generationen nur noch westliche Häuser und seelenlose Straßen kennen würden. Geprägt von der modernen Konsumkultur würden sie nichts mehr über den Ort wissen, an dem sie geboren wurden und aufgewachsen sind. Daher wollten wir ein traditionelles Haus bauen, in dem Liebe und Achtung vor den eigenen Wurzeln von Generation zu Generation weitergegeben werden. Heute sind wir gewohnt, auf engstem Raum zu leben. Wohnraum ist Mangelware und daher heiß begehrt. Unser Plan war es, in der Innenstadt auf 3 × 15 Metern Fläche ein von der traditionellen Architektur inspiriertes Haus zu bauen, in dem es sich gut leben lässt, in dem sich Kinder wohlfühlen und in dem Erwachsene an ihre eigene Kindheit erinnert werden.

Im gesamten Haus kamen Recycling-Materialien zum Einsatz. Die meisten, unter anderem Dachziegel, Bodenfliesen, Türen und Fenster, stammen aus abgerissenen Häusern aus der näheren Umgebung. Wie der Architekt erklärt, ging es ihm »nicht nur um den Charme schöner alter Dinge, sondern auch darum, eine Brücke zwischen Vergangenheit und Gegenwart zu schlagen. Die betagten Dinge erzählen Geschichten über das alte Saigon und lassen es in diesem Haus wieder zum Leben erwachen. Natürlich könnten wir jetzt behaupten, wir hätten es aus ökologischen Gründen so gebaut – was uns jedoch vor allem interessiert hat, war die Geschichte hinter jedem einzelnen Objekt. In unserer materiellen Welt, in der jeder mehr hat, als er braucht, und alte Dinge wegwirft, um neue zu kaufen, wollten wir einen alternativen Weg einschlagen.«

Das Haus hat typisch traditionelle Elemente wie zum Beispiel ein Dach aus Palmblättern und zum Hof hin offene Räume mit blumengeschmückten Balkons. »Besonders prägend für das hiesige Stadtbild sind die vielen kleinen Gassen. Hier treffen sich die Kinder, um zu spielen, und die Erwachsenen zu einem netten Plausch«, erzählt Nghiêm. »Als die Auftraggeber das Haus zum ersten Mal sahen, war ihre Reaktion noch etwas verhalten, aber sehr bald verliebten sie sich in ihr neues Domizil. Heute mögen sie es so sehr, dass sie sich kaum noch anderswo aufhalten möchten, noch nicht einmal in den Häusern ihrer Freunde.«

RECLAIMED

AUS ALT MACH NEU

ABBILDUNGEN

Seite 39: Das Saigon House fügt sich architektonisch harmonisch ins Stadtbild ein und sieht aus, als stünde es schon seit Jahrzehnten zwischen all den anderen Häusern.

Seiten 40/41: Dem Architekten ging es darum, eine Immobilie zu schaffen, in der mehrere Generationen unter einem Dach leben und die Liebe zum Haus von den Eltern an die Kinder weitergegeben wird.

Seite 41 oben links: Im ebenerdigen Essbereich und auf den Balkons wurden heimische Bäume gepflanzt. Das über den Essbereich gespannte Netz nutzen die Kinder als Kletterareal.

Seite 41 oben rechts: Einzelne Sonnenstrahlen fallen durch die Ritzen des Altholzbodens auf die darunterliegende Treppe.

Seite 41 unten links: Das nur drei Meter breite dreistöckige Haus steht in einer der typischen Gassen der Stadt.

Seite 42: Jede Wohneinheit ist (inspiriert von der traditionellen Architektur Saigons) wie ein eigenes kleines Haus konzipiert: mit eigenem Schrägdach, begrüntem Balkon und Blick auf den Innenhof. Die Dachschindeln stammen von abgerissenen Häusern aus der näheren Umgebung.

REMISENPAVILLON
WIRTH ARCHITEKTEN | BREMEN, DEUTSCHLAND

Das Architekturbüro Wirth Architekten mit Sitz in Bremen wurde 2012 von den Brüdern Jan und Benjamin Wirth gegründet. Ihr Ansatz besteht darin, unscheinbare alltägliche Räume oder Gebäude, selbst rein funktionale, zu etwas Besonderem zu machen.

Der Remisenpavillon war ursprünglich als Garage konzipiert, wurde aber letzten Endes zu einem Multifunktionsraum, der als Sommerpavillon genutzt wird. Umringt von hohen Bäumen, fällt er sofort ins Auge, wenn man das Grundstück des niedersächsischen Bauernhofs betritt, daher sollte er zum bäuerlichen Ensemble passen, aber dennoch als neues, eigenständiges Element erkennbar sein. »Die umliegenden Gebäude sind schnörkellos«, sagt Jan Wirth. »Jedes ein ebenerdiger Kubus mit 45-Grad-Satteldach. Schon sehr früh wussten wir, dass das neue Gebäude aus demselben Material sein musste wie die anderen, also aus Ziegelsteinen. Diese fanden wir in einer alten Brandruine im Nachbarort.«

Die Ziegel waren die gleichen wie die des Bauernhofs und offenbar vor über hundert Jahren in derselben Ziegelei gebrannt worden. Sie konnten nur von Hand abgetragen werden, was unser Auftraggeber zusammen mit Freunden und Nachbarn selbst übernahm. Danach mussten die Ziegel aufwendig vom Mörtel befreit werden. Das dauerte ein ganzes Jahr. Jan erklärt: »Es gibt nicht viele Projekte, bei denen Bauherren, Ingenieure und Handwerker bereit sind, so viel Zeit und Mühe zu investieren. Wir hatten nichts gegen alte Ziegel, auch wenn das arbeits-, zeit- und kostenintensiver war. Hinzu kam, dass die alten Ziegel aufgrund von Frostschäden nicht so druckfest waren wie neue. Insofern mussten wir uns bei unserem Entwurf auch nach der Beschaffenheit des Baumaterials richten. Der Aufwand hat sich gelohnt: Das neue Gebäude fügt sich perfekt in das bestehende Ensemble ein. Ohne die alten Ziegel wäre das nicht möglich gewesen.

Der Pavillon erfüllt je nach Jahreszeit unterschiedliche Zwecke. Im Winter dient er zum Lagern von Brennholz, zum Abstellen von landwirtschaftlichem Gerät und als Garage. Im Sommer verwandelt er sich in eine elegante Loggia, ideal für Empfänge und Gartenfeste.

Angesichts der ausschließlichen Verwendung von Recycling-Materialien könnte man meinen, den Wirth-Brüdern ginge es vor allem um das Thema Wiederverwendung. Dabei steht bei ihnen grundsätzlich das Konzept an erster Stelle. Eigenständig sollte es sein und nicht von anderen Faktoren wie zum Beispiel dem Material beeinflusst. »Wir sind der festen Überzeugung, dass sich das Material dem Konzept unterzuordnen hat und nicht umgekehrt, auch wenn es letzten Endes das Ergebnis entscheidend mitbestimmt. Der Entwurf sollte sich nach den Erfordernissen und Gegebenheiten vor Ort richten. Die Verwendung von Altmaterialien folgt letzten Endes nur praktischen Überlegungen und sollte nicht überbewertet werden«, findet Benjamin Wirth. »Fügen sich Altmaterialien dagegen organisch ins Projekt ein, entstehen einzigartige Räume mit Seele und Charakter.«

RECLAIMED

AUS ALT MACH NEU

ABBILDUNGEN

Seite 45: Aus der Ferne betrachtet sieht der Remisenpavillon wie ein kompakter, mysteriöser Kubus aus. Wenn nachts jedoch das Licht durch das Lochmauerwerk dringt, erstrahlt der Bau in filigranen Mustern.

Seite 46: Der Remisenpavillon ist ein Mehrzweckbau, der im Winter als Abstellraum für landwirtschaftliches Gerät, im Sommer aber auch als Location für Empfänge und Gartenfeste genutzt wird.

Seite 47 oben: Die Bohlen der Tore stammen von einer riesigen Eiche, die 15 Jahre zuvor vom Blitz getroffen und vom Sturm gefällt worden war. Das Holz brachten die Bauern gemeinsam zum Sägewerk.

Seite 47 unten: Die Ziegel stammen aus dem späten 19. Jahrhundert. Dank ihrer besonderen Form und der Lücken zwischen den Steinen wirkt das Mauerwerk geradezu filigran.

Seite 48: Attraktive Räume werden bewusster genutzt. Für diesen Leitsatz des Architekten ist der multifunktionale Remisenpavillon der beste Beweis.

LOVE ART STUDIO

KITTIPONG NGOWSIRI | PHUKET, THAILAND

Kittipong Ngowsiri wurde in Bangkok geboren, wo er auch seine Kindheit und Jugend verbrachte. Er studierte Multimedia-Kunst an der Silpakorn University, Drucktechnik an der Universität Chiang Mai und lebt als freier Künstler in seinem Atelier im Phuket Art Village, einer Künstlerkolonie in Nai Harn. Das entlegene Dorf besteht aus Werkstätten und Galerien, die von den Künstlern selbst gebaut wurden. Hier trifft man vor allem auf thailändische Kunstschaffende, unter anderem im Rahmen von Ausstellungen, Workshops und Musik-Events.

Ngowsiris von Hand gebautes Atelierhaus mit dem Namen Love Art Studio ist das Wahrzeichen des Dorfes. Es wurde aus altem Schiffsholz gebaut, das Ngowsiri drei Jahre lang zusammentrug. Fertig abgeschlossen ist der farbenfrohe Bau aber noch lange nicht. Ngowsiri sagt: »Das Holz formt zwar kein Schiff mehr, sondern ein Haus, doch die Seele des Schiffes lebt in diesem Haus weiter, sie hat einfach nur ihre Gestalt gewandelt. Gerade die Abnutzungs- und Verwitterungsspuren finde ich schön, denn sie sind das Werk von Wind und Wellen. Love Art Studio ist gewissermaßen ein riesiges 3D-Puzzle, das ich nach meinen Vorstellungen zusammengesetzt habe, ein Kunstwerk für den Alltag.«

Auch das Interieur ist mehr als einen Blick wert: Das Studio ist eine wahre Wunderkammer, eine kunstvoll zusammengestellte Sammlung von Objekten, kleinen Figuren und Nippes aller Art, und dies alles vor dem Hintergrund des farbenfrohen Patchworks der Holzwände. Das Haus dient als Präsentationsraum für Ngowsiris Arbeiten, bisweilen auch für Gemeinschaftsausstellungen unter Beteiligung von befreundeten Künstlern aus diversen Ländern Südostasiens (unter anderen Myanmar, Malaysia, Indonesien, Südkorea und den Philippinen).

Jeden Morgen sucht Ngowsiri am Meer nach Strandgut. Oft integriert er Treibholz und andere angeschwemmte Gegenstände in seine Werke. »Viele werfen nutzlose alte Dinge weg oder schenken Treibholz am Strand keine Beachtung«, erklärt er. »Für mich aber haben alte bunte Dinge mit Rostflecken etwas Ästhetisches. Sie erzählen eine Geschichte und haben einen intrinsischen Wert, sodass ich Lust bekomme, sie zu neuem Leben zu erwecken. Außerdem möchte ich den Menschen klarmachen, dass man Müll nicht einfach ins Meer wirft.«

Ngowsiri lässt sein vielseitiges Talent in unterschiedliche Kunstformen einfließen, unter anderem in Skulpturen, Bilder und Installationen, die den aktuellen Zeitgeist widerspiegeln. »Meine Arbeiten erzählen von allem, was unsere Wahrnehmung prägt, und von der Bedeutung der Zeit. Ich zwinge den Betrachter, meine Kompositionen über Haptik und Form zu erfühlen und die Schönheit des Nicht-Perfekten zu erkennen. Ich erachte das Leben als etwas Wertvolles und glaube, dass die Kunst uns menschlicher macht.«

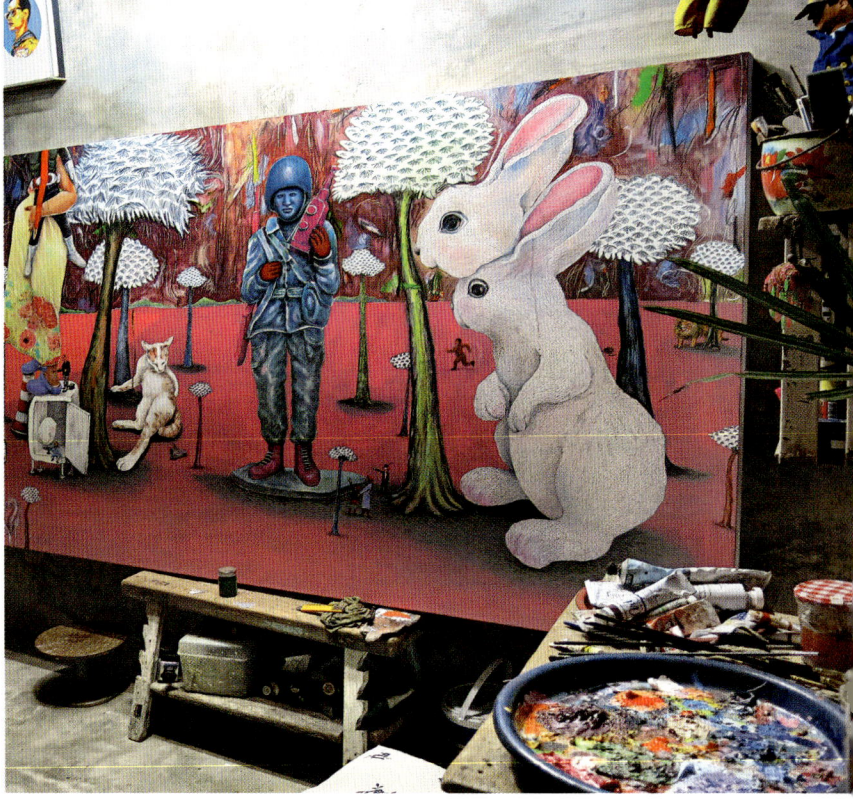

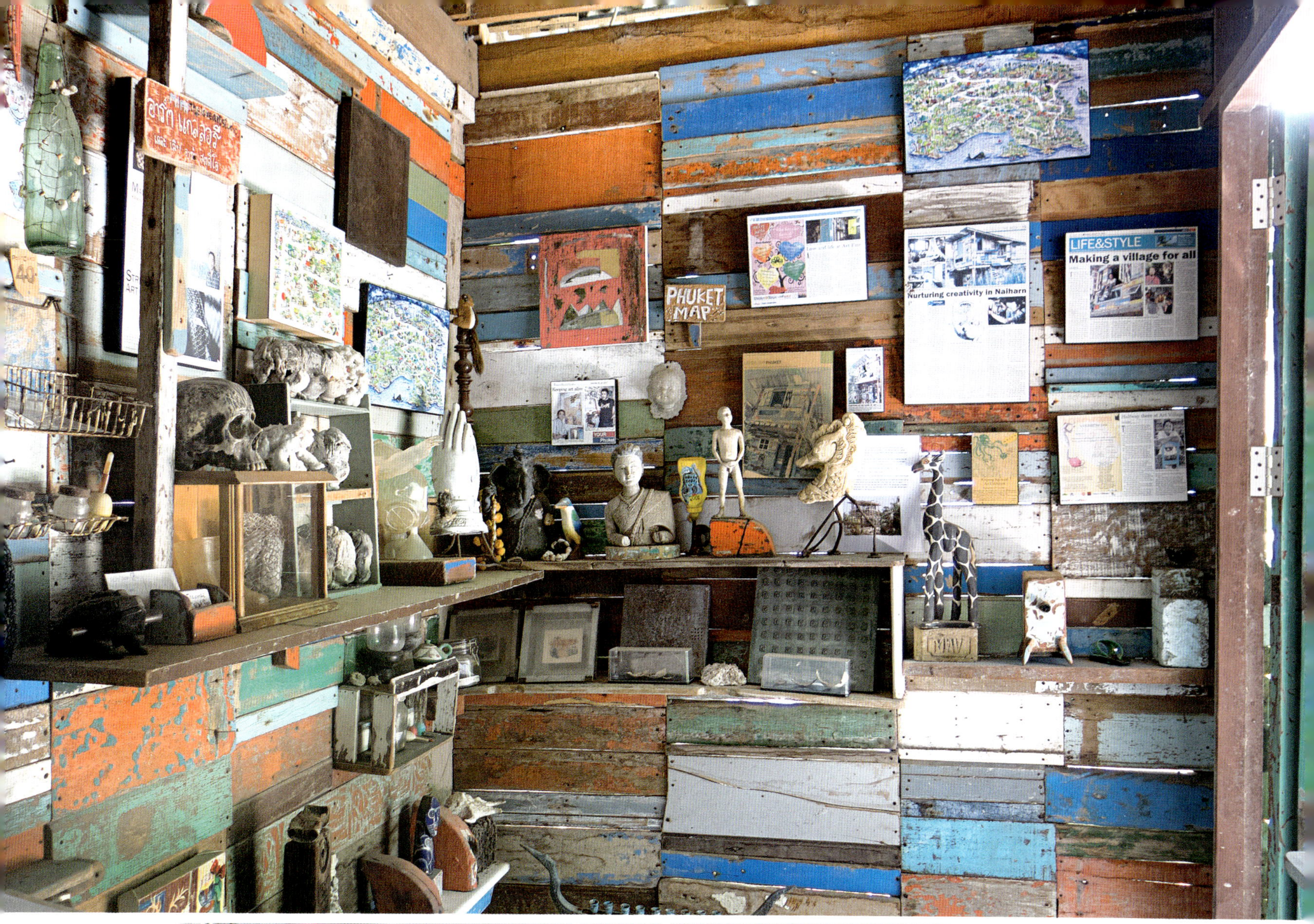
PHUKET MAP
LIFE&STYLE
Making a village for all
Nurturing creativity in Naiharn

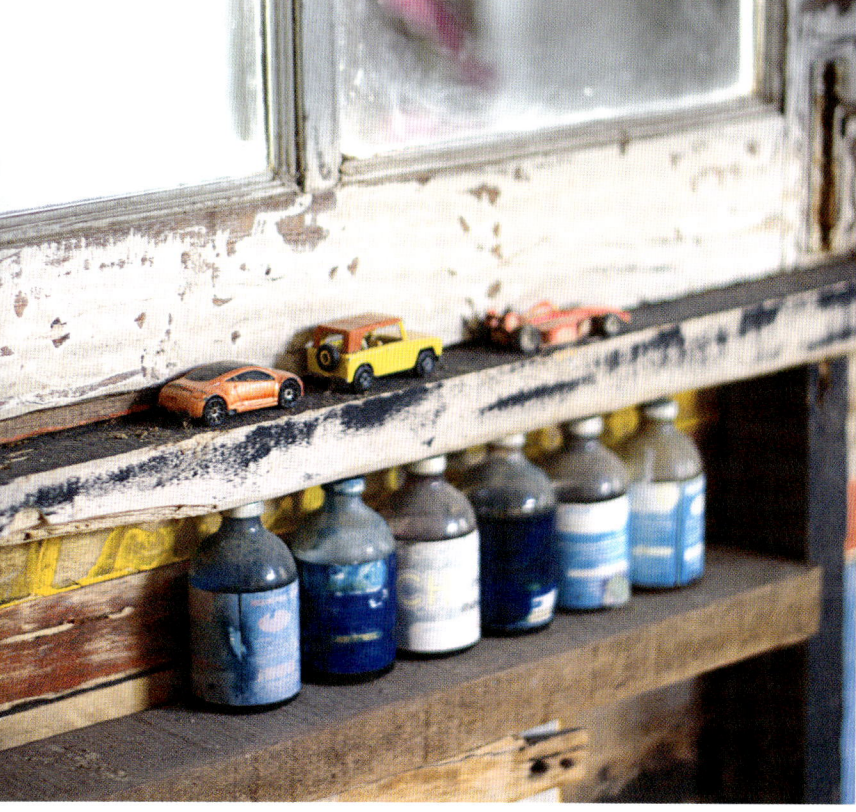

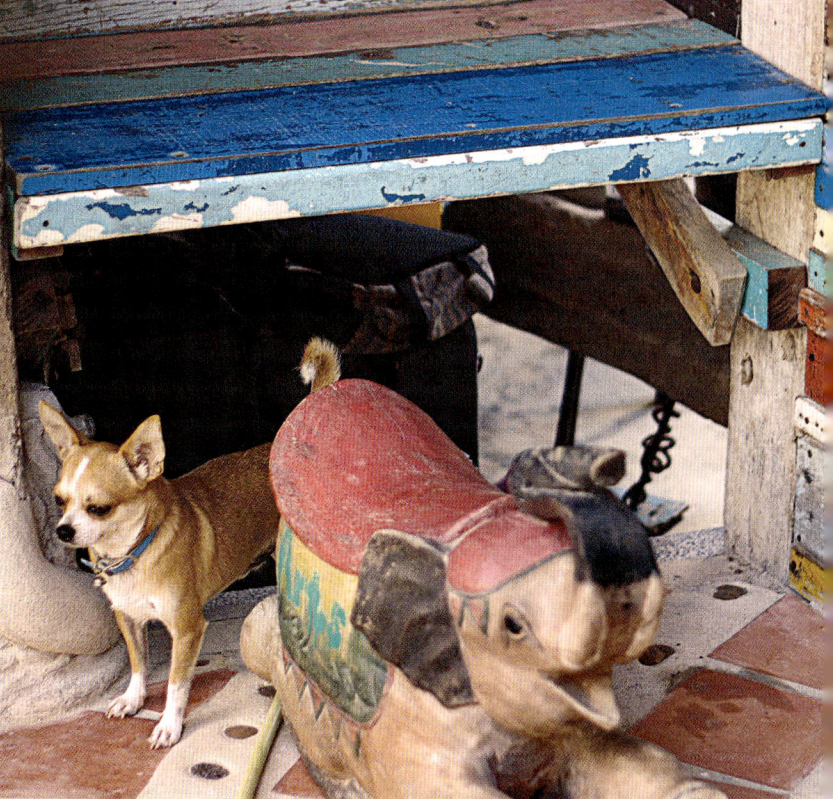

AUS ALT MACH NEU

ABBILDUNGEN

Seite 51: Das Love Art Studio in der Künstlerkolonie Phuket Art Village wurde aus alten Bootsplanken gebaut. Materialsuche und Hausbau dauerten insgesamt drei Jahre.

Seite 52 oben: In Ngowsiris Haus ist praktisch alles handgefertigt: Möbel, skurrile Objekte sowie kleine Figuren tragen eindeutig die Handschrift des Künstlers. Interessante Durchblicke laden zum Erkunden der Räume ein.

Seite 52 unten rechts: Ngowsiri hat extra Räume eingeplant, in denen er seine eigenen Kunstwerke oder auch die seiner Freunde ausstellt.

Seite 53: Die Dekorationsobjekte – eine sorgsam zusammengestellte Sammlung aus Skulpturen, Nippes und kleinen Schätzen – hat Ngowsiri zum Teil am Strand gefunden.

Doppelseite 54/56: Die bunte Patchworkoptik zieht sich durch das gesamte Haus: Von den alten handgefertigten Kneipentüren bis hin zu den Schildern ist alles aus Altholz.

CAÑON CITY
CONTAINER CABIN
Studio H:T | COLORADO, USA

2013 gründete Brad Tomecek seine Firma Tomecek Studio Architecture. Heute lebt der Architekt in Denver, ist Mitglied des AIA Denver Board of Directors und Dozent an der University of Colorado. Während seiner Zeit bei Studio H:T war er unter anderem für das Projekt Cañon City Container Cabin verantwortlich.

Cañon City liegt in einer Talmulde am Arkansas River im Süden Colorados. Die einzigartige geografische Lage macht die Stadt zu einem beliebten Touristenmagneten – nicht nur für Sightseeing-Begeisterte, sondern auch für Outdoorsportler wie etwa Kajakfahrer. Den Auftrag für den Bau des Container-Hauses erhielt Tomecek von einem Ehepaar, das schon seit Jahren immer wieder hierherkam und sich einen nachhaltig gebauten Zweitwohnsitz wünschte.

»Wir wollten etwas Kleines, vom Netz Unabhängiges«, schildert Tomecek. »Ein Schiffscontainer als Wohnraum schien uns ein gutes Konzept. Wir wollten damit grundsätzlich hinterfragen, wie und worin wir eigentlich wohnen. Denn irgendwie wohnen wir ja alle in einer Art Quader, ob nun aus Stein, Holz, Trockenbauwänden oder Metall. Außerdem wollten wir wissen, welche Vor- und Nachteile diese Art des Bauens mit sich bringt. Und da unsere Auftraggeber großen Wert auf Originalität und Wiederverwertung legten, gefiel ihnen die Idee.«

Benötigt wurden ein 12 Meter langer und sechs 6 Meter lange Container. Diese wurden vor dem Transport zum Baugelände noch modifiziert und verstärkt. Die Hauptwohnräume befinden sich in den beiden aufgesetzten Containern im ersten Stock. Sie wurden so platziert, dass auf der den Bergen zugewandten Seite ein überdachter Eingangsbereich entstand. Dafür mussten die Container an den Ecken und Kanten verstärkt und vor Ort zusätzliche Stützmauern eingezogen werden. Die beiden Container rechts und links vom Eingang beherbergen ein Gästezimmer beziehungsweise ein Wohnzimmer mit offener Küche. Das Gästezimmer hat einen separaten Eingang.

Schiffscontainer sind robust und trotzen jeder Witterung. Immerhin liegt das Haus exponiert gegenüber der Sangre-de-Cristo-Bergkette, wo je nach Jahreszeit eine mehr oder weniger steife Brise weht. Damit man nachts windgeschützt den Sternenhimmel bewundern kann, wurde in den Boden zwischen den beiden ebenerdigen Containern ein versenkter Sitzbereich eingelassen. Die Holzvertäfelung im Innern wurde auf Wunsch der Bauherren aus dem Holz ihrer alten Scheune in Tennessee gefertigt. Auch die Brüstung der Dachterrasse wurde aus Altmaterialien hergestellt.

Tomecek erklärt: »Eines haben wir gelernt: Je intensiver man ihn umbaut, desto weniger bleibt von den ursprünglichen Vorteilen eines Containers übrig. Recycling-Materialien kann man auf zwei Arten verwenden. Entweder man betont ihre Einzigartigkeit und ihren besonderen Charakter oder man modifiziert sie so, dass sie ihre Individualität verlieren und sich ins große Ganze einfügen. Wir wollten die Container nicht nur wegen ihrer Struktur, Robustheit und Patina, sondern auch aufgrund ihres besonderen Charakters. Deshalb haben wir sie auch weitgehend unverändert gelassen und ihre Identität nicht kaschiert. Sie stehen jetzt für jedermann deutlich sichtbar als das da, was sie sind.«

RECLAIMED

AUS ALT MACH NEU

ABBILDUNGEN

Seite 59: Die deckenhohen Glasfronten bieten einen atemberaubenden Blick nach draußen – tagsüber beeindruckt die umliegende Landschaft, nachts der Sternenhimmel.

Seite 60 oben: Die sieben Schiffscontainer wurden so platziert, dass sich zwischen ihnen ein windgeschützter Außenbereich ergab, der selbst bei steifer Brise zum Verweilen einlädt.

Seite 60 unten: Vom Haus aus bietet sich ein herrlicher Blick auf die Sangre-de-Cristo-Bergkette, einen Südausläufer der Rocky Mountains.

Seite 61 oben: Eine Treppe im Industriedesign-Stil und holzverkleidete Wände verleihen dem Interieur ein modernes, gemütliches Ambiente. Das Holz dafür hatte der Auftraggeber bereitgestellt. Es stammt von seiner alten Scheune in Tennessee.

Seite 61 unten: Die Außenfront der Schiffscontainer wurde bewusst nicht bearbeitet, denn es sollte nichts kaschiert werden. Eine Photovoltaik-Anlage versorgt das Haus mit Strom. Die Wasserversorgung wird über einen Brunnen mit Wassersparventil gewährleistet.

Seite 62: Von der Dachterrasse aus kann man den nächtlichen Sternenhimmel betrachten. Die Brüstung stammt von einem anderen Wohnungsprojekt.

TELEGRAPH POLE HOUSE

WHBC ARCHITECTS | LANGKAWI, MALAYSIA

Langkawi ist eine Inselgruppe am Rande der Andamanen-See. Dieses Paradies vor der Nordwestküste Malaysias, auch als »Juwel von Kedah« bekannt, begeistert durch traumhafte weiße Sandstrände mit türkisblauem Meer.

Das Telegraph Pole House wurde für ein Rentnerehepaar gebaut, das sich in der Region niederlassen wollte und ein Faible für die traditionellen malaysischen Pfahlbauten hatte. Das in Kuala Lumpur ansässige Architektenbüro WHBC Architects erhielt den Auftrag, nach alter handwerklicher Tradition ein Holzhaus auf einer Anhöhe inmitten von Reisfeldern, Kokoshainen und Büffelweiden zu errichten. Da gutes Hartholz jedoch Mangelware ist, sahen die Architekten Probleme in der Materialbeschaffung, und frisches Holz hätte noch dazu aufwendig getrocknet und bearbeitet werden müssen, damit es sich nicht wirft und schrumpft. Auf der Suche nach einer Alternative kamen sie auf die Idee, alte Telegrafenmasten zu verwenden. Architekt BC Ang erklärt: »Wir wussten, dass vor Kurzem in ganz Malaysia alte Holzmasten durch Betonpfeiler ersetzt worden waren. Und diese alten Masten waren aus erstklassigem Hartholz, das sich hervorragend als Baumaterial eignete. Jahrzehntelang waren sie nicht nur Wind und Wetter, sondern auch den Termiten ausgesetzt gewesen, ohne den geringsten Schaden zu nehmen. Zudem haben sie eine schöne graue Patina und eine Struktur, die eben nur Altholz aufweist.«

WHBC, Auftraggeber und Bauunternehmen beschlossen also, alte Strom- und Telegrafenmasten aus Kedah, Kelantan und Terengganu im Norden und Osten Malaysias zu beschaffen – insgesamt 450. Für das Grundgerüst des Hauses einschließlich Dachstuhl wurden Strommasten aus einem Altholzlager in Kedah verwendet. Bodendielen sowie Wandvertäfelung stammen von einem Holzsteg in Penang und die Dachschindeln von einem alten Flughafenhotel, ebenfalls in Penang. Als Kontrast zum verwitterten Holz wurden Türen, Fensterrahmen und Steckdosen aus Stahl eingebaut. Das nahm weniger Zeit in Anspruch und sorgt für ein moderneres Ambiente.

Vom Grundriss her ist der Bau denkbar einfach: über einem offenen Wohnbereich im Erdgeschoss gibt es im Obergeschoss mehrere voneinander abgetrennte Räume. Sowohl vom Innen- als auch vom Außenwohnbereich aus hat man einen traumhaften Blick auf den Pool und das dahinter liegende Meer. In die Küche gelangt man durch eine Schiebetür, sie ist erforderlich, um Affen und andere Tiere fernzuhalten.

Das Telegraph Pole House illustriert nach Meinung der WHBC-Architekten, dass die Verwendung von Altmaterialien beim Hausbau nicht nur ökologische Vorteile mit sich bringt. Ang erklärt hierzu: »Recycling-Materialien sollten nicht nur der Umwelt zuliebe gewählt werden, sondern sich harmonisch in das Designkonzept einfügen. Dabei spielen natürlich auch pragmatische bautechnische, logistische oder finanzielle Überlegungen eine Rolle. In Malaysia ist Wiederverwertung zwar auf dem Vormarsch, allerdings nur langsam. Schön wäre es, wenn Altmaterialien auch in größerem Stil am Bau verwendet würden.«

RECLAIMED

AUS ALT MACH NEU

70

RECLAIMED

ABBILDUNGEN

Seite 65: Die tragenden Balken des Telegraph Pole House bestehen aus drei übereinandergelegten Masten, die durch Schäfte zu einem langen Bauelement verbunden wurden.

Seite 66 oben: Da man die Umwelt so wenig wie möglich belasten wollte und eine Serpentinenstraße die Abholzung von einem Hektar Wald zur Folge gehabt hätte, ist das Haus nur über einen geraden steilen Weg zu erreichen.

Seite 66 unten: Die Telegrafenmasten wurden im Originalzustand mit Altersspuren belassen. Insgesamt wurden rund 450 Masten für den Bau verwendet.

Seite 67 oben: Das von Reisfeldern und Urwald umgebene Haus bietet einen herrlichen Ausblick auf die Andamanen-See.

Seite 67 unten: Klassische weiße Bettwäsche, Vorhänge und Überwürfe kontrastieren mit dunklem Holz.

Doppelseite 68/69: Das Haus erinnert an traditionelle Pfahlbauten: oben das Schlafzimmer, unten ein großer Raum in offener Bauweise. Die Küche kann zum Schutz vor Tieren mit einer Schiebetür verschlossen werden.

Seite 70: Der Original-Stahlsockel der Masten ist ein hervorragender Termitenschutz.

HUT ON STILTS

NOZOMI NAKABAYASHI | DORSET, GROSSBRITANNIEN

Es waren ihre Beobachtungen im Alltag, die Nozomi Nakabayashi ihre Liebe zur Architektur entwickeln ließen. Sie erwarb einen BA in Architektur an der Rice School of Architecture im texanischen Houston sowie einen MA in den Bereichen Design und Gestaltung an der Architectural Association School of Architecture in Dorset. Geboren in Tokio und aufgewachsen in den USA, lebt Nakabayashi heute in London, wo sie das Künstler- und Architekten-Kollektiv Torigahappi gegründet hat.

Der Auftraggeber wünschte sich eine kleine, gemütliche Hütte auf Stelzen, in der er übernachten, die Natur genießen und sich beim Schreiben inspirieren lassen konnte. Das Stelzenhaus bekam einen Unterbau aus alten Telegrafenmasten, Fenster aus alten Glasscheiben in neuen Rahmen und eine Holzverschalung aus Rot-Zedern-Verschnitt. Der Rohbau wurde angeliefert, der Innenausbau erfolgte vor Ort.

Bauerfahrung konnte Nakabayashi während ihres MA-Studiums im Rahmen eines Studentenprojekts mit dem Titel *The Big Shed Project* sammeln. Dank der praktischen Arbeit bekam sie einen unmittelbareren und instinktiveren Zugang zu Baumaterialien. Sie erklärt: »Bei diesem Projekt erlebte ich eine ganz andere Art des Gestaltens, weil ich von Anfang bis Ende mit der Beschaffenheit der Materialien und ihren physikalischen Eigenschaften konfrontiert war.«

Zur Wärmedämmung wurden innovative, umweltfreundliche Materialien verwendet: harzgebundener Naturkork für Wände und Dach, recycelte Baumwoll- und Denim-Gewebe für die Teppichböden und Jute für die Zimmerdecken. Nakabayashi sagt: »Ich war begeistert von der Schönheit des Korks, seiner Struktur, seinem Geruch und seiner Haptik. Hinzu kam, dass Kork nicht nur wärmedämmend, sondern auch atmungsaktiv ist. Damit war der Grundstein für meine spätere Leidenschaft für recycelte und natürliche Baumaterialien gelegt. Man muss dabei seine eigene Herangehensweise finden und herumexperimentieren, bis das Ergebnis überzeugt. Dies führt letzten Endes zu neuen Wegen der Gestaltung.«

Die Bedingungen vor Ort stellten Architektin und Handwerker vor große Herausforderungen. Es gab zum Beispiel keinen Strom. Nakabayashi beschloss, auf Generator und Baugerüst zu verzichten. »Das hieß, dass nur akkubetriebene Werkzeuge zum Einsatz kamen und die Dacharbeiter mit Seilen und Gurten gesichert werden mussten, was ihnen bisweilen akrobatische Einlagen abverlangte«, erinnert sich die Architektin. »Dafür war es eine wunderbare Erfahrung, sich auf die besonderen Umstände einzulassen, auf künstliche Lichtquellen zu verzichten und sich nach dem Wetter beziehungsweise der Jahreszeit zu richten. Die Zusammenarbeit mit all diesen hervorragenden Handwerkern, Denkern, Förstern und Bauern war eine einmalige Erfahrung. Das war ein ganz anderes Leben und Arbeiten als jenes, das ich aus der Stadt kannte.«

ABBILDUNGEN

Seite 73: Das kleine Schriftsteller-Refugium auf recycelten Telegrafenmasten steht in einem Eichenwald in Dorset.

Seite 74: Der 8 Quadratmeter große Wohnraum bietet Platz für einen Holzofen, einen Schreibtisch und ein Bett. Dach und Wände sind mit Kork isoliert und mit Jute verkleidet.

Seite 75: Nakabayashi baute das Stelzenhaus zusammen mit einem kleinen Handwerker-Team. Die natürlichen Baumaterialien wurden vor Ort beschafft, das große Fenster besteht aus Recycling-Glas.

Seite 76: Das Bett liegt versenkt in einer Holzumrahmung und kann bei Bedarf mit einer Sperrholzplatte abgedeckt werden. Der Deckel fungiert dann gleichzeitig als Fußboden. Das Fenster eröffnet den Blick auf einen großzügigen Holzbalkon, auf dem man die grüne Umgebung genießen kann.

TINY TEXAS HOUSES

BRAD KITTEL | TEXAS, USA

Brad Kittel kam 1984 mit 640 Dollar nach Austin, Texas, und wohnte erst mal in einem alten Schulbus. Er ging in die Immobilienbranche und vermittelte zwölf Jahre lang erfolgreich Objekte in der Innenstadt, bevor er sich daran machte, heruntergekommene Stadtviertel in Austin und Gonzales durch Renovierung zu neuem Leben zu erwecken, wofür er diverse Auszeichnungen erhielt. 1996 zog er mit seinem Sohn von Austin nach Gonzales, wo er Discovery Architectural Antiques gründete, ein Unternehmen, das mit giftstofffreien alten Baumaterialien handelt.

Zehn Jahre später baute Kittel die Tiny Texas Houses, kleine Häuser mit weniger als 55 Quadratmetern Wohnfläche. Da er mit Altmaterialien arbeitete, musste er kein Holz importieren, keine Bäume fällen und keine neuen Glasscheiben, Küchenspülen, Badewannen oder Ähnliches kaufen – ein erster Schritt in Richtung des von Kittel propagierten Architekturziels »puristisches Wohnen im Recycling-Haus«. Und noch dazu preiswert, denn die einzigen Kosten waren die Löhne der Handwerker und Bauarbeiter. Autarkie und Nachhaltigkeit standen auch beim Bau der Siedlung »Salvage, Texas« im Vordergrund. Auf einem rund 17,5 Hektar großen Areal in Luling, Texas, entstand unter Kittels Leitung ein ganzes Dorf zu 95 Prozent aus Altmaterialien.

»Das ist eine Frage des gesunden Menschenverstands«, meint Kittel. »50 Prozent der Mülldeponien in den USA sind reine Bauschuttdeponien. Für den Bau von Häusern und Scheunen wurden teils hundertjährige Bäume gefällt, dieses Material sollte man wiederverwenden. Mithilfe von Altholz könnten wir neue Gebäude errichten, die sechs Mal so lange halten wie die modernen giftstoffhaltigen. Und obendrein würden wir jede Menge Arbeitsplätze schaffen.«

Über 75 Mini-Häuser hat Kittel bislang gebaut. Manche davon stehen mittlerweile an anderen Standorten, einige dienen als *Airbnb*-Unterkünfte. Kleine Vintage-Häuser stehen hoch im Kurs. Wie man sich so ein Zuhause selbst baut, kann man bei Kittel lernen, der im Moment plant, einen »Salvage Faire Market« zu eröffnen – einen Second-Hand-Markt für alles rund ums Bauen und Einrichten, der auch als Location für Film- und Musikevents dienen könnte. Zielgruppe sind die 18 Millionen Menschen, die im Umkreis von etwa 90 Autominuten rund um Austin wohnen. Kittel sagt: »Wer in einem solchen Haus wohnt, wird es früher oder später lieben. Die Energieeffizienz ist beeindruckend, ganz zu schweigen von der der Wohnqualität. Im Gegensatz zu Gebäuden aus Rigipsplatten, Beton, Stahl und Glas geht von Häusern aus organischen Materialien eine ganz eigene Energie aus. Die Bewohner schwärmen davon, dass sie tiefer schlafen, angenehmer träumen und sich insgesamt besser fühlen.«

Kittel fügt hinzu: »Häuser zu 95 Prozent aus Altmaterialien zu bauen sollte ein weltweiter Anspruch sein. Nachhaltiges Bauen ermöglicht ein einfacheres Leben. Es bildet einen Gegenentwurf zum amerikanischen Standard, den heutzutage viele infrage stellen. 72 Millionen Amerikaner stehen kurz davor, in Rente zu gehen und haben noch immer nicht alle Kredite abbezahlt. Angesichts der ständig steigenden Lebenshaltungskosten müssen wir ihnen sowie den zukünftigen Generationen Alternativen anbieten – Mini-Häuser könnten für Jobs und bezahlbaren Wohnraum gleichermaßen sorgen.«

RECLAIMED

ABBILDUNGEN

Seite 79: »The Mascot«, das erste von Kittels Tiny Texas Houses, besteht bis auf Leitungen, Rohren, Nägeln, Schrauben und Dämmung komplett aus Altholz.

Seite 80 oben links: »Vicky Won« ist das zweite von Kittels Mini-Häuschen. Es hat zwei Einzelbetten im Parterre und ein großes Doppelbett im Dachgeschoss. Waschbecken und WC sind ebenfalls vorhanden.

Seite 80 oben rechts: »Vesper Casa« ist mit antiken Möbeln eingerichtet. Es wurde aus acht verschiedenen Holzsorten gefertigt, unter anderem Sumpf-Kiefer, Virginia-Eiche und Mesquite-Baum. Die Geweihe stammen aus dem Fundus des Auftraggebers. Sie wurden mit geschwungenen Ästen zu einem organischen Geländer verbunden.

Seite 80 unten: Mit 83 Quadratmetern auf zwei Wohnebenen ist »Monty Grand Victorian« eines der größeren Tiny Houses. Zur Ausstattung gehören unter anderem eine auf Doppelbettgröße ausziehbare Schlafgelegenheit mit Schränken auf beiden Seiten sowie ein Marmorwaschbecken mit Vintage-Armaturen.

Seite 81 oben und unten rechts: Diese Häuschen heißen »Vicky Too«, »Vicky Zebu« und »Arched Zebu«. Das Holz für Wandverkleidung, Fußboden und Dach der beiden letzteren stammt von 25 verschiedenen Häusern und ist etwa 200 Jahre alt.

Seite 81 unten links: Mit nur 6 Quadratmetern Grundfläche zählt »Gingered Swan« zu den kleinsten von Kittels Tiny Houses. Auf Strom müssen die Gäste hier verzichten, aber es gibt Laternen. Bad und WC befinden sich in einem separaten Häuschen.

Seite 82 oben: »Arched Zebu« (siehe auch Seite 81 oben und unten rechts)

Seite 82 unten: Ein Haus geht auf Reisen.

CASA EL MIRADOR

CC ARQUITECTOS | BUNDESSTAAT MÉXICO, MEXIKO

Manuel Cervantes Céspedes hat Architektur an der Universidad Anáhuac México Norte studiert und gründete 2004 seine Firma CC Arquitectos. 2006 begann er, sich auf urbanistische Projekte mit Verkehrsthematik zu spezialisieren – der Bau des Terminal Multimodal Azteca und des Terminal Multimodal El Rosario machten ihn international berühmt.

Die Casa El Mirador liegt auf dem 95 Hektar großen El-Eterno-Grundstück in Valle de Bravo, rund 156 Kilometer südwestlich von Mexiko-Stadt. Das in Hanglage errichtete Gebäude bietet einen wundervollen Blick auf den Avándaro-See.

»Das Haus wurde unter größtmöglicher Rücksichtnahme auf die Natur in den Hang hineingebaut. So fügt es sich besser in die Landschaft ein«, sagt Cervantes. »Ich war sofort begeistert von der Idee, mitten im Wald zu bauen. Mich hat Architektur, die einfach so aus der Landschaft herauszuwachsen scheint, schon immer fasziniert.«

Auf dem Dach des versteckt gelegenen Hauses befindet sich das einzige von der Straße aus sichtbare architektonische Element: ein hübscher Aufbau aus alten Eisenbahnschienen aus dem in Nordmexiko gelegenen Chihuahua. Stahlträger stützen die umfunktionierten Eisenbahnschwellen und tragen das Mittelgeschoss sowie den Dachstuhl. Zur Terrasse hin ist das Haus offen. Der auffällige Aufbau, der dem Haus seinen besonderen Charakter verleiht, dient als Pferdeunterstand und als Carport.

Die Idee mit den Eisenbahnschwellen stammte ursprünglich vom Auftraggeber. Dieser ließ daraus nämlich einen Holzzaun um sein Grundstück herum errichten und bot Cervantes an, die Schwellen auch für das Haus zu verwenden. In das Dach des Aufbaus wurde ein Wasserspeicher integriert, der zum einen die darunter befindliche Pferdetränke speist, zum anderen aber auch ein halb überdachtes Wasserbecken, in dessen Oberfläche sich die umstehenden Bäume spiegeln und so quasi nach unten hin verdoppeln.

Die Räume sind schön kühl, da das Haus an der Hinterseite in den Hang hineingebaut wurde. Der große Wohnbereich geht nahtlos in die Terrasse über. An den Wohnbereich grenzen auf der einen Seite Küche und Bad, auf der anderen Seite ein Schlafzimmer mit integriertem Badezimmer.

Cervantes Céspedes schwärmt: »Sowohl die verschiedenen Steine als auch die verwendeten Farbtöne und Materialien fügen sich hervorragend in die Waldlandschaft ein. Außerdem sind sie extrem langlebig. In den Fugen zwischen den Steinen wachsen bisweilen Gräser und Moos, sodass sich im Wechsel der Jahreszeiten immer wieder ein anderer Anblick bietet. Das Haus besticht durch zeitlose Werte wie Naturverbundenheit, eine fantastische Aussicht und Rustikalität.

AUS ALT MACH NEU

RECLAIMED

ABBILDUNGEN

Seite 85: Für den überdachten Pferdeunterstand des Anwesens wurden alte Eisenbahnschwellen aus dem nordmexikanischen Chihuahua beschafft. Das gleiche Material wurde auch für die Umzäunung des Grundstücks verwendet.

Seite 86: Das Haus hat eine Wohnfläche von etwa 460 Quadratmetern. Das Grundgerüst bilden Stahlträger und Holzpfosten. Für die Mauern wurden Steine aus der Umgebung verwendet.

Seite 87 oben: Der Auftraggeber liebt gute Unterhaltung. Um dem Rechnung zu tragen, wurde auch ein Fernsehzimmer mit eingeplant. Der direkt in die Terrasse übergehende Raum ist in neutralen Farben gehalten.

Seite 88: Regenwasser wird vom Dach des Pavillons in ein großes Becken geleitet. Die dezentral im Becken platzierte Skulptur kommt nachts durch geschickte Beleuchtung besonders gut zur Geltung.

HEMLOFT

JOEL ALLEN | WHISTLER, KANADA

Joel Allen war ursprünglich Softwareentwickler, verlegte sich dann aber irgendwann auf handwerkliche Tätigkeiten. Die Idee, ein Baumhaus zu bauen, entstand bei einer Wette mit seinem Freund Ryan. Es ging darum, möglichst abenteuerliche Schlafplätze zu entdecken, und Joel wollte seinen Kumpel um jeden Preis übertrumpfen. Ob Baggerschaufel, Baugerüst oder Wasserturm, kein Ort war ihm zu abwegig, auch wenn die Schlafqualität darunter litt. Nachdem ihm klar geworden war, dass er am liebsten hoch über dem Boden schlief, machte er sich daran, eine nachhaltige Schlafstätte in luftiger Höhe zu konzipieren.

Konventionelle Baumhäuser fand er zu klobig. Ihm schwebte etwas Eleganteres vor. Zusammen mit zwei Architekten und ehemaligen Kommilitonen entwickelte er zunächst ein eiförmiges Baumhaus. Nachdem das Konzept mithilfe eines Styropor-Modells und einer 3-D-Grafik erfolgreich auf seine Machbarkeit hin überprüft worden war, baute Allen ein Modell in kleinerem Maßstab und testete es an einem knapp einen Meter hohen Baum. »Ich war mir sicher, dass die 1:1-Variante problemlos eine ganze Bärenfamilie tragen würde, sollte diese auf die Idee kommen, darin zu überwintern«, erklärt er.

Allen suchte in den Staatswäldern rund um Whistler monatelang nach dem perfekten Baum. Schließlich fand er einen geeigneten Standort, der ihm auch persönlich zusagte, und begann mit dem Bau des HemLofts. Eigentlich wollte er das Material für das Grundgerüst neu kaufen, musste sich jedoch eingestehen, dass er die dafür nötigen 15 000 Dollar nicht aufwenden konnte. Eines Abends stieß er dann auf der Anzeigenwebseite *Craigslist Vancouver* auf gratis abzugebendes Zedernholz aus einer alten Sauna. Und so kam es, dass er nach viermonatigem Durchforsten der Rubrik »Zu verschenken« alles zusammenhatte, was er benötigte.

»Ich wusste ja, wie mein Baumhaus aussehen sollte, und musste nur noch die passenden Materialien finden«, erklärt er. »Meine Materialsammlung sah aus wie ein riesiger Müllhaufen, aber ich wusste bei jedem einzelnen Teil, wofür ich es brauchen würde. Wenn man ein Haus aus Altmaterial baut, hat man am Ende ein enormes Erfolgserlebnis. Man hat ein großes Puzzle erfolgreich zusammengesetzt, das viel Geduld, Ausdauer und Geschick erfordert. Man kommt nur leider oft nicht im gewünschten Tempo voran. Manchmal muss man lange suchen, bis man das passende Teil findet. Außerdem besteht die Gefahr, dass man aus Angst, Schnäppchen zu verpassen, bereits für zukünftige Projekte hortet, die dann aber nie zustande kommen. Das halte ich persönlich für falsch. Man sollte immer nur für das aktuelle Projekt sammeln und nicht unmittelbar Benötigtes anderen überlassen.

Allen fügt hinzu: »Früher oder später wird uns die Müllproblematik über den Kopf wachsen. Deshalb brauchen wir Trendsetter, die Wiederverwertung zum Industriestandard machen. Dafür benötigen wir Großlager für Abbruchmaterial, die der Industrie das lange Suchen ersparen, denn sonst muss man immer warten, bis einem das Richtige in die Finger fällt. Das verzögert den Bauprozess und macht ihn vom Zufall abhängig. Es hat schon was, wenn man aus Dingen, die andere weggeworfen haben, etwas Schönes macht. Das Potenzial alter Dinge wird wertgeschätzt. Das ist doch eine schöne, optimistische Sichtweise.«

RECLAIMED

AUS ALT MACH NEU

ABBILDUNGEN

Seite 91: Allens Baumhaus wurde in einem staatlichem Wald bei Whistler, Kanada, gebaut. Es sollte nur eine sporadisch genutzte Unterkunft sein, ähnlich einem Zelt oder Wohnmobil. Die Gebrauchtmaterialien beschaffte sich Allen bei der Kleinanzeigenbörse *Craigslist Vancouver*: Zedernholz mit dekorativer Maserung aus einer alten Sauna für die Wandverkleidung, Eschenholz für den Fußboden sowie Einzelteile von ausrangierten Schränken.

Seite 92 oben: Lukenfenster lassen Licht und frische Luft ins Haus. Die Scheiben wurden aus altem Fensterglas gefertigt.

Seite 92 unten: Ursprünglich war der Prototyp eiförmig, aber Allen entschied sich später der Geräumigkeit zuliebe für eine rundlichere Bauform.

Seite 93 oben: Abgesehen von den Farben und den Verbindungsstücken besteht Allens kugelrundes Baumhaus komplett aus Recycling-Materialien. Die Löcher in den Brettern der Treppenstufen waren schon vorher da, zumindest in einigen – zur Vereinheitlichung ließ Allen auch die restlichen Bretter entsprechend durchbohren.

Seite 93 unten: Der Blick vom HemLoft auf die Bergkulisse der Tantalus-Mountain-Range ist einfach atemberaubend.

Seite 94: Als sich der Standort des Lofts herumgesprochen hatte, überließ Allen das Baumhaus dem Eigentümer des Reiseveranstalters Canadian Wilderness Adventures, Alan Crawford. Dieser möchte das Haus mit einer Reißverschlusstür ausstatten und in einen alten Baum mit Blick auf den Callaghan River verlegen.

REVIVED
FRISCHES FLAIR IN ALTEN MAUERN

YORK HOUSE APARTMENT

PATRICK LEWIS ARCHITECTS LTD | LONDON, GROSSBRITANNIEN

Das York House ist ein viktorianisches Mietshaus im Londoner Stadtviertel Marylebone. In der zweiten Etage befindet sich eine 4-Zimmer-Wohnung, die 40 Jahre lang von derselben Familie bewohnt und nie renoviert worden war. Die neuen Eigentümer aus Los Angeles erteilten Patrick Lewis Architects den Auftrag, ihr Londoner Domizil nach heutigen Standards umzugestalten. Sie wollten eine möglichst helle Wohnung mit gut durchdachter Raumaufteilung.

Dafür musste zunächst einmal die Wand zwischen Ess- und Wohnzimmer eingerissen werden. Die Küche wurde in eines der helleren Vorderzimmer verlagert. Aus dem Schlafzimmer wurden zwei Badezimmer gemacht und die ehemalige Küche wurde in ein Schlafzimmer umgebaut. Dank der neuen Raumaufteilung kann man jetzt von der Eingangstür durch die gesamte Wohnung bis zum Küchenfenster blicken.

Da es sich nur um eine Zweitwohnung handelte, brauchte man in der Küche nicht so viel Stauraum. Das ließ dem Architekten mehr Gestaltungsfreiheit. Das Resultat ist ein eklektischer Mix aus gut in Szene gesetzten Vintage-Objekten und -Möbeln vor schlichten Wänden.

Die Auftraggeber hatten sehr konkrete ästhetische Vorstellungen, teilten aber glücklicherweise Patrick Lewis' Begeisterung für Upcycling, wodurch sich auch beim Budget ein etwas größerer Spielraum ergab. Die Gebrauchtmaterialien wurden in London und Oxford beschafft. Im Bad kontrastieren hochwertige Armaturen mit Second-Hand-Objekten und kostengünstigen Wandfliesen. In der Küchenspüle wurde früher einmal Wäsche gewaschen. Die Schranktüren im Schlafzimmer wurden aus alten Brotzeitbrettern zusammengesetzt. Nicht minder experimentell sind die aus einer alten georgianischen Tür maßgefertigten Fensterläden, zudem ließ sich mit dieser Lösung viel Geld sparen. Lewis sagt: »Die Arbeit mit Altmaterialien und Vintage-Objekten ist immer wieder eine neue Herausforderung, weil man ein gewisses Gespür dafür braucht, wie verschiedene Holzarten in Kombination miteinander wirken.«

Das Interieur besteht aus Objekten und Materialien, die die Eigentümer im Laufe der Jahre gesammelt haben. Das Stabparkett beispielsweise stammt zum Teil aus den alten BBC-Räumlichkeiten in White City. So etwas hat für die in der Film- und Fernsehbranche tätigen Bauherren natürlich besonderen Wert.

Lewis erklärt: »Was mich besonders reizt, ist die Wiederverwertung von Dingen, die schon ein Leben hinter sich haben und eine Geschichte erzählen, weil das so etwas Nachhaltiges hat. Eine heimelige Atmosphäre lässt sich meiner Meinung nach am ehesten mit alten, gebrauchten Dingen erzielen, auch wenn deren Weiterverarbeitung einige Probleme mit sich bringt, weil nichts gerade ist, das meiste einen zu hohen Feuchtigkeitsgrad aufweist und alles wackelt, aber damit muss man eben leben. Eine alte Tür zu zerlegen, ohne dass sie kaputtgeht, erfordert sehr viel Geschick. Den meisten ist das entweder gar nicht bewusst oder sie haben Angst davor. Dabei lohnt sich der Aufwand ungemein. Der Schreiner fragt dann zwar, ob man das allen Ernstes so machen wolle, aber im Nachhinein sind alle begeistert.«

FRISCHES FLAIR IN ALTEN MAUERN

ABBILDUNGEN

Seite 99: Die Vintage-Möbel und Antiquitäten kommen vor den in dezentem Grau gestrichenen Wänden besonders gut zur Geltung.

Seite 100 oben rechts: Die leuchtend blau lackierte Kassettentür des Apartments zeigt die Vorliebe des Eigentümers für kräftige Farben. Sie kontrastiert mit den handgefertigten toskanischen Terrakotta-Fliesen, die von einem Recycling-Hof in Oxford stammen.

Seite 100 oben links: Auch Industriedesign ist in der Küche zu finden, etwa die Vintage-Lampen und die sichtbaren Wasserleitungen und Wasserhähne aus Kupfer. Das Spülbecken dürfte früher einmal zum Wäschewaschen verwendet worden sein.

Seite 100 unten links: Für die Anfertigung der Fensterläden wurden georgianische Vintage-Türen zersägt und aufbereitet.

Seite 100 unten rechts: Der Schirm der Vintage-Deckenlampe wurde aus einem durchbrochenen Blechring gefertigt.

Seite 101: Durch aufbereitete alte Flügeltüren fällt der Blick ins Wohnzimmer auf einen schicken weißen Fußboden, der das Licht reflektiert und den Raum heller macht.

Seite 102: Die Schranktüren wurden aus alten Brettern gefertigt. Die Bodendielen im Bad stammen aus den alten BBC-Räumlichkeiten in White City.

WHITE HOUSE

WT ARCHITECTURE | ISLE OF COLL, SCHOTTLAND, GROSSBRITANNIEN

Mitte des 17. Jahrhunderts erbaut, war dieses quadratische Kalksteinhaus auf der schottischen Isle of Coll das Erste seiner Art. Das Gebäude gehörte den McLeans of Coll, einem Zweig des seit Jahrhunderten auf dieser Insel ansässigen McLean-Clans, und diente deren Gutsverwalter als Wohnstatt. Im Volksmund wurde das steinerne Häuschen »White House« genannt, weil es unter den damals üblichen dunkleren Bauwerken optisch hervorstach. Der englische Schriftsteller Samuel Johnson und sein Begleiter James Boswell machten 1773 auf ihrer Hebriden-Reise extra einen Abstecher auf die Insel, weil Johnson das berühmte Haus sehen wollte. Bedauerlicherweise war es auf sandigem Boden errichtet worden, was die Statik schädigte. Die Mauern bekamen im Laufe der Zeit Risse, und so stand das Häuschen ab Mitte des 19. Jahrhunderts leer.

150 Jahre später ging es als Erbe an Alex und Seonaid McLean-Bristol. Mittlerweile hatte es kein Dach mehr, und die Risse in den Mauern waren über 30 Zentimeter breit – die Grundstruktur war jedoch noch weitgehend intakt. Das Ehepaar war unschlüssig, ob es die Ruine restaurieren oder direkt daneben ein neues Haus errichten lassen sollte. William Tunnell von WT Architecture schlug vor, einen Teil der Ruine zu erhalten und zusätzliche Wohnräume anzubauen. Tunnell erklärt: »Wir hatten es hier mit einem typisch georgianischen einstöckigen Drei-Fenster-Haus zu tun. Das Interessante daran waren die extrem dicken Mauern, die aber leider einsturzgefährdet waren. Architektonisch bestanden die größten Herausforderungen darin, die Statik wiederherzustellen und die Anbauten so zu gestalten, dass sie die alten Mauerreste nicht übertönen. Die Anbauten mussten zum Haus und zur Landschaft passen. Wir wollten den Charme der Ruine nicht zerstören. Die alte Eingangstür sollte Eingangstür bleiben. Durch sie sollte man das Haus betreten, nicht durch eine neue weiter hinten im Anbau.«

Die Sanierungsarbeiten dauerten sechs Monate. Ein auf der Insel ansässiger Bauunternehmer stellte die Statik wieder her. Aufgrund der abgeschiedenen Lage und extremen Witterungsbedingungen musste alles sorgfältig geplant werden. Es wurden möglichst wenig Steine und Kies importiert, um die Transportkosten und die Umweltbelastung in Grenzen zu halten. Da die Fähre zum Festland im Winter nur dreimal pro Woche fuhr (und bei schlechtem Wetter gar nicht), boten die Auftraggeber ihren Lieferanten oft Unterkunft und Verpflegung in einem nahegelegenen Bauernhof an, in dem sie selbst auch wohnten.

Trotz der großen Risse im Mauerwerk gelang die Wiederherstellung der Statik, allerdings stellte sich die Frage, womit die Risse aufgefüllt werden sollten. Schließlich beschloss man, diese so zu belassen, wie sie waren, weil sie den besonderen Charakter des Hauses maßgeblich prägten. Die Umfassungsmauer wurde mit vor Ort gefundenen Bruchsteinen erweitert. Bei den Anbauten fiel die Wahl auf schwarz gebeiztes Holz, das optisch in den Hintergrund tritt, sodass aus der Ferne betrachtet vor allem die Steinmauern ins Auge fallen.

»Ein historisch so bedeutendes und facettenreiches Gebäude wie dieses birgt ein enormes Gestaltungspotenzial«, sagt Tunnell. »Bei alten Gemäuern stößt man zwar immer auf Herausforderungen, aber wenn sie emotionale Saiten in uns zum Klingen bringen und uns innerlich berühren, wie etwa durch ein Fenster, das eine atemberaubende Aussicht bietet, oder durch eine Schutz bietende Mauer, kann man enorm viel daraus machen.«

FRISCHES FLAIR IN ALTEN MAUERN 107

ABBILDUNGEN

Seite 105: Der Riss in der Giebelfassade sollte beibehalten werden, weil gerade er dem Haus seinen besonderen Charakter verleiht. Aus Gründen der Statik wurden 2–3 Meter lange horizontale Edelstahlstützen in die Mauer eingezogen.

Seite 106 oben: Da die Isle of Coll weit im Norden liegt, scheint die Sonne hier an Wintertagen nur kurz. Großzügige Glasfronten sorgen dafür, dass auch bei tief stehender Sonne noch möglichst viel Licht ins Haus fällt.

Seite 106 unten: Im Hauptteil der Ruine befinden sich Eingang, Küche, Schlafzimmer, Speisekammer, WC, Dusche, Arbeitszimmer und Abstellraum. Dank des H-förmigen Grundrisses sind einige Wohnbereiche weniger exponiert und daher besser vor Wind und Wetter geschützt. Zusätzlich wurde eine schützende Steinmauer für den Anbau hochgezogen. Der nicht mehr überdachte Teil des Original-Hauses ist heute ein grüner Innenhof.

Seite 107 oben: Vom Wohn- und Schlafzimmer aus blickt man durch riesige Panorama-Fenster auf die Landschaft der Rough Bay, auch »Grishipol« genannt. Beheizt wird das Haus über einen Wärmetauscher, der von drei Windturbinen auf den gegenüberliegenden Hügeln gespeist wird.

Seite 107 unten: Das Haus bietet große Räume ebenso wie gemütliche Rückzugsecken. Im neuen Westflügel gibt es vier weitere Schlafzimmer, zusätzliche Stellfläche und einen kleinen holzgetäfelten Extraraum, der durch eine Regalwand vom Wohnzimmer abgetrennt ist.

Seite 108: Vom langen Flurfenster aus fällt der Blick über die dicke schützende Westmauer hinweg auf den privaten Bootssteg des Hauseigentümers.

TINY HOUSE

JESSICA HELGERSON INTERIOR DESIGN | OREGON, USA

Jessica Helgerson richtet als Innenarchitektin in Portland Wohn- und Geschäftsräume ein. Seit Langem an umweltfreundlichem, nachhaltigem Bauen interessiert, war sie Mitglied in diversen Umweltschutzvereinigungen. 2008 kaufte sie zusammen mit ihrem Ehemann auf Sauvie Island, einer überwiegend landwirtschaftlich geprägten Insel im Columbia River nördlich von Portland, ein nur 50 Quadratmeter großes Landhaus auf einem zwei Hektar großen Grundstück. Das Häuschen war Anfang der 1940er-Jahre gebaut worden und gehörte ursprünglich zum sogenannten »Vanport Village«, einer Siedlung für Werftarbeiter aus Vancouver. Als diese 1948 überflutet wurde, trieb das kleine Haus flussabwärts bis Sauvie Island. Ein paar Jahre lang wurde es vom regionalen Jagdverband als Prüfstelle genutzt, dann zogen private Mieter ein.

Dreimal war das Haus renoviert worden, bevor Helgerson sich an den Umbau machte. Wie immer setzte sie auch hier auf klassisches Design und traditionelle Materialien. Beides sollte langlebig sein und sowohl zum Haus als auch zu der Zeit passen, aus der es stammte. Sie verzichtete bewusst darauf, das Haus zu vergrößern, vom ursprünglichen Bau blieb allerdings nur die Grundstruktur erhalten. Fenster, Türen, Dach und Innenausstattung wurden fast vollständig durch Recycling-Materialien ersetzt. Ausschlaggebend für diese Entscheidung war die Frage, was zum Haus passte und was unmittelbar verfügbar war. »Wir wollten eine ästhetische, ökonomische und zum Haus passende Lösung«, sagt Helgerson. »Wir arbeiten gerne mit alten Gebäuden, weil sie uns die Gelegenheit geben, neue Ideen in einen bestehenden Kontext einzubringen. Wenn man immer nur Neubauten entwirft, wird man leicht schablonenhaft. Ich hasse es, wenn schöne Gebäude abgerissen und durch hässliche Neubauten ersetzt werden. Was für ein Verlust. So etwas macht mich traurig.«

Dank Umbau und optimaler Platzausnutzung gelang es Helgerson, die von der Quadratmeterzahl her eher kleine Wohnfläche zumindest größer wirken zu lassen. Wohnzimmer, Esszimmer und Küche wurden zu einem großen Raum zusammengefasst. Einbausofas können auf Doppelbettbreite ausgeklappt werden, ihr Unterbau eignet sich ideal zum Verstauen von Kinderspielzeug. Die Decke über dem Wohnbereich wurde entfernt, wodurch der Raum mehr Höhe bekam. Über Bad und Schlafzimmer wurde sie dagegen abgesenkt. So entstand im Mittelgeschoss der über eine Leiter zugängliche Elternschlafbereich. Eine Regalwand bietet ausreichend Platz für Bücher, und dank der großen Fenster ist der Raum freundlich und hell.

Vier Jahre lang wohnten die Helgersons hier. Mit ihrer Hühner-, Truthahn- und Bienenzucht waren sie nahezu autark, zumal sie in einem 110 Quadratmeter großen Gewächshaus selbst Obst und Gemüse anbauten. Sogar ihren eigenen Käse stellten sie her. Die Milch dafür lieferten die Ziegen und Kühe des Nachbarn. Mittlerweile haben sich die Helgersons auf ihrem Grundstück ein größeres Haus gebaut. Das kleine dient jetzt als Gästehaus für Freunde und Verwandte.

FRISCHES FLAIR IN ALTEN MAUERN

ABBILDUNGEN

Seite 111: Das Dach des in den 1940er-Jahren gebauten Tiny House wurde mit Moos und Farn vom Ufer des Columbia River begrünt.

Seite 112 oben: Deckenhohe Fenster, die bis zu den Sofas hinabreichen, lassen ein Maximum an Licht ins Haus.

Seite 112 unten: Die Küche beschränkt sich auf eine Küchenzeile. Der Vintage-Herd stammt von der Anzeigenwebseite *Craigslist*. Der Esstisch wurde aus altem einheimischem Walnussholz gefertigt. Die Stühle sind Design-Klassiker von Paul McCobb.

Seite 113 oben und unten rechts: Das Elternschlafzimmer liegt im Mittelgeschoss über dem Hauptraum und ist über eine Leiter aus Walnussholz zu erreichen. Die Kinder haben ein eigenes Zimmer, und für Gäste ist ausreichend Platz auf den Schlafsofas vorhanden.

Seite 113 unten links: Die Badewanne stammt aus einem – mittlerweile abgerissenen – Haus von Freunden.

Seite 114: Die Wände wurden gedämmt und mit dem Holz der Scheune getäfelt, die zuvor hier gestanden hatte.

APPARTAMENTO CHIC FISH

THE CHIC FISH STUDIO | MAILAND, ITALIEN

2011 starteten Giovanni Gennari und Anna Carbone ihren Blog *The Chic Fish*, 2015 gründeten sie das gleichnamige Design-Studio. Mit ihrem sehr individuellen Contemporary-Vintage-Stil sind die beiden echte Trendsetter in den Bereichen Branding, Interior- und Set-Design. Auch heute bloggen sie noch fleißig, um ihr Faible für Vintage- und Retro-Gestaltung visuell zu dokumentieren. Gennari, ursprünglich aus der Marketing- und Kommunikationsbranche kommend, hat früher für McCann und Discovery Networks gearbeitet. Carbone war Design-Director bei der Branding-Agentur Robilant & Associati.

Als Trendscouts sind die beiden, die auch privat ein Paar sind, unermüdlich auf der Suche nach neuen Vintage-Stilrichtungen. Kein Wunder also, dass sich ihre in einem Gebäude aus dem frühen 19. Jahrhundert befindliche Wohnung durch einen gelungenen Mix aus Traditionellem und Modernem auszeichnet. Carbone sagt: »Der Renovierung lag ein klares Design-Konzept zugrunde: Wir wollten unsere Art zu sein und zu wohnen dokumentieren. Wir wollten ein Zuhause, das etwas über die Menschen aussagt, die darin leben.«

Vieles von dem, was bei der Renovierung freigelegt wurde, blieb im Originalzustand erhalten. Carbone erklärt: »Statt das Alte unter einem neuen Gewand zu verstecken, trugen wir Überflüssiges ab. So wollten wir etwa den alten Bodenbelag zur Geltung bringen, das Bestehende unangetastet und die Wände mit ihren abbröckelnden Farbschichten die Geschichte früherer Renovierungen erzählen lassen. Hier und da ein bisschen Industriedesign schafft reizvolle Kontraste und eignet sich ideal als Kulisse für Vintage-Möbel in Kombination mit originellen selbst gefertigten Unikaten.«

Fast alles an diesem Interieur ist Vintage, einschließlich der mit viel Liebe auf Flohmärkten zusammengesuchten Werke moderner Kunst und der Bodenfliesen. Der Holzboden besteht aus recycelten Gerüstbrettern. Die große Stahl-Glas-Wand, die Wohnzimmer und Küche voneinander trennt, stammt aus dem Fiatwerk im Turiner Stadtteil Lingotto. »So hat man zwei getrennte Bereiche, optisch aber trotzdem einen großen, hellen Raum«, sagt Gennari.

Was den besonderen Charme der Wohnung ausmacht, ist die gelungene Mischung aus Alt und Neu in Kombination mit einem interessanten Farb- und Materialmix. Dadurch wirkt die Innenausstattung lässig und zwanglos statt geplant und durchgestylt. Die einzelnen Vintage-Objekte werden scheinbar zufällig kontrapunktisch platziert. »Wir arbeiten mehr mit Emotionen als mit dem Stofflichem«, erklärt Gennari. »Wir gehen danach, was ein Objekt ausstrahlt, nach seiner Geschichte, seinem Design und den Erinnerungen, die es wachruft. Natürlich macht Heimwerken, Restaurieren oder Zweckentfremden großen Spaß. Upcycling liegt momentan voll im Trend und wird die Welt, in der unsere Kinder aufwachsen, maßgeblich prägen. Jeder Gegenstand trägt das Potenzial eines zweiten Lebens in sich. Es ist doch Wahnsinn, etwas wegzuwerfen, was andere noch gebrauchen könnten. Upcycling ist nicht nur umweltschonend, sondern extrem kreativ und gehört damit zu den wichtigsten Betätigungsfeldern der Designer.«

FRISCHES FLAIR IN ALTEN MAUERN

ABBILDUNGEN

Seite 117: Das Appartamento Chic Fish befindet sich im zweiten Stock eines Anfang des 19. Jahrhunderts erbauten Mailänder Gebäudes. Küche und Wohnzimmer der Privatwohnung sind durch eine Stahl-Glas-Wand aus dem alten Fiat-Werk in Turin voneinander getrennt. Die Aufputzleitungen wurden beibehalten.

Seite 118: Der Fußbodenbelag ist ein Mix aus alten Sechskantfliesen und recycelten, in Fischgrätoptik verlegten Gerüstbrettern. Zu den Highlights zählen ein Chesterfield-Ledersofa, ein Apothekenschild aus Neapel und die von Wieki Somers für Pols Potten entworfene Bufferlamp-Hängelampe aus Porzellan.

Seite 119: Der Tisch ist ein von den Bewohnern selbst gefertigtes Unikat, bestehend aus einer Zedernholzplatte und einem eisernen Untergestell. Das Anatomieposter stammt aus einem Antiquitätengeschäft in Berlin.

Seite 120: Jedes Objekt erzählt hier eine Geschichte. Viele Dinge haben die Wohnungseigentümer von ihren Reisen mitgebracht. Direkt hinter der Eingangstür steht ein viersitziges Chorgestühl an der Wand. Darüber hängen antike Spiegel. Die Vintage-Hängelampen wurden auf einem Flohmarkt in Brooklyn gekauft.

ASTLEY CASTLE

WITHERFORD WATSON MANN | WARWICKSHIRE, GROSSBRITANNIEN

Astley Castle unweit von Nuneaton im britischen Warwickshire ist ein mit Grade II klassifiziertes denkmalgeschütztes Schloss. Der auf das Jahr 1200 zurückdatierbare Landsitz wurde im 15. und 17. Jahrhundert ausgebaut und erweitert. In jüngerer Zeit hatte das Bauwerk als Hotel gedient, bevor es 1978 fast vollständig abbrannte. Anfang der 2000er-Jahre schrieb der Landmark Trust einen Wettbewerb aus. Es ging darum, aus der Ruine unter möglichst weitgehender Erhaltung der historischen Bausubstanz wieder eine Ferienresidenz zu machen. Den Zuschlag erhielten Witherford Watson Mann Architects, die für dieses Projekt 2013 mit dem RIBA Stirling Prize ausgezeichnet wurden.

Vorgabe des Landmark Trust war, die Originalsubstanz so zu ergänzen, dass ihr besonderer Charme erhalten bleibt und von den Gästen als historisch wahrgenommen wird. Architekt William Mann musste also den schwierigen Spagat zwischen Erhaltung des Ruinencharakters und Schaffung wohnlicher Behaglichkeit hinbekommen. Er hätte die Ruine so lassen können, wie sie war, und innerhalb der alten Mauerreste ein neues Gebäude errichten können, verwarf diese Idee jedoch. Statt die Geometrie des Grundrisses zu verändern, zog er auf den Überresten der alten Mauern neue hoch und setzte neue Ziegel auf die zerklüfteten Überbleibsel der Ruine.

Nur ein Drittel des Schlosses ist bewohnbar. Zwischen den bewohnten Bereichen liegen nicht überdachte Innenhöfe, die interessante Blicke durch das Gebäude gewähren und die historische Bausubstanz besonders gut zur Geltung kommen lassen. Tiefe Fenster und Möbel in warmen Farbtönen sorgen für ein gemütliches Ambiente.

Mann, der bereits Erfahrung mit Upcycling-Projekten hat, ist der Meinung, dass das Neue nie ein Bruch mit der Vergangenheit sein sollte, sondern eine Weiterentwicklung. »Wenn man mit Bestandsgebäuden arbeitet, verzichtet man auf einen Teil der Freiheiten, die man bei einem Neubau hätte, dennoch gewinnt man dabei mehr, als man verliert«, sagt er. »Bestandsgebäude haben einen ökologischen, sozialen und kulturellen Wert. Sie leben im Gedächtnis und in der Fantasie ihrer Bewohner. Sie stehen für ganz bestimmte Werte. Es macht Spaß, größtmöglichen sozialen und wirtschaftlichen Nutzen mit möglichst wenig Eingriffen und Ergänzungen zu erreichen. Das hat etwas Elegantes und ist noch dazu ökologisch und sozial verträglich.«

FRISCHES FLAIR IN ALTEN MAUERN

FRISCHES FLAIR IN ALTEN MAUERN

ABBILDUNGEN

Seite 123: Die Zimmer von Astley Castle grenzen an teilweise überdachte Innenhöfe mit im Tagesverlauf wechselnden Licht- und Schattenspielen.

Seite 124 oben: Die Fenster sind bewusst groß gehalten. Sie liegen tief in der Laibung, damit Lichtreflexe auf den Scheiben nicht die Optik der gotischen Fassade stören.

Seite 124 unten links: Die Mauern der Ruine sind rund 600 Jahre alt. Aus Gründen der Harmonie wurden bei der Restaurierung Kohlebrandziegel verwendet, da diese farblich gut zu den originalen Sand- und Kalksteinmauern passen.

Seite 124 unten rechts: Die Küche im ersten Stock ist asymmetrisch. An der rechten Seite befindet sich dort, wo im Mittelalter die Feuerstelle war, heute eine Kochnische.

Seite 125: Die baufälligen Steinmauern wurden mit Klebeankern aus Kunstharz und Fensterstürzen aus Beton stabilisiert. Die fehlenden Mauerteile wurden mit Ziegelsteinen wieder aufgebaut.

Doppelseite 126/27: Das Hotel befindet sich im ältesten Teil des Schlosses, dort, wo ursprünglich nur ein befestigtes Gutshaus stand. Überraschenderweise liegen die Schlafzimmer im Erdgeschoss, während der Wohnbereich in den ersten Stock verlagert wurde.

Seite 128: Die Eichentreppe mit den offenen Stufen ist eine moderne Auftragsarbeit, die sich stilistisch deutlich von der dahinterliegenden alten Steinmauer abhebt.

Siehe auch Doppelseite 96/97: Gebeiztes Nadelholz, gekalkte Eiche, eloxiertes Aluminium und lackierter Stahl prägen das Interieur von Astley Castle. Die Innenausstattung stammt von John Evetts.

APARTAMENTO EIXAMPLE

EO ARQUITECTURA | BARCELONA, SPANIEN

Hinter EO Arquitectura verbirgt sich ein junges, von Clara Ocaña und Adrian Elizalde gegründetes, interdisziplinär arbeitendes Architektenteam aus Barcelona. 2014 erhielt das Büro den Auftrag, eine 70 Quadratmeter große Wohnung im Stadtviertel Eixample umzugestalten. Das Gebäude, in dem sich das Apartment befindet, stammt aus den 1930er-Jahren und liegt nicht weit entfernt von Gaudís berühmter Sagrada Família. Das Drei-Zimmer-Apartment sollte vermietet werden – insofern hatten die Architekten freie Hand. Einzige Bedingung: Hübsch sollte es werden und nicht allzu teuer.

Was sie vorfanden, waren unter anderem die traditionellen gewölbten Zimmerdecken und die akkuraten andalusischen Mosaikfliesen. Angesichts der Vorgabe, Vorhandenes zu nutzen, um die Kosten zu minimieren, war die Entscheidung, den alten Bodenbelag zu übernehmen, sowohl ästhetisch als auch wirtschaftlich goldrichtig. Anstatt die Fliesen herauszureißen und teure neue zu verlegen, wurde jede einzelne sorgfältig unter die Lupe genommen und, soweit möglich, liebevoll aufbereitet.

»Die Wohnung wirkte verkommen und wegen der ungünstigen Raumaufteilung ziemlich düster«, berichtet Elizalde. »Im Laufe der Jahre waren immer wieder neue Schichten und Installationen hinzugekommen. Deshalb haben wir uns Schritt für Schritt zum Ursprünglichen vorgearbeitet und dabei Schicht um Schicht abgetragen. So wollten wir der traditionellen Architektur des Eixample-Viertels wieder zu Ehren verhelfen. Wir haben versucht, etwas Aktuelles mit traditionellem Charakter zu schaffen. Das Ergebnis ist harmonisch und zeitlos, eine gelungene Mischung von Alt und Neu.«

Die Innengestaltung wurde vielfach durch Elizaldes und Ocañas Japanreise 2014 geprägt. Blickfang des Wohnbereichs ist ein drei Meter langer multifunktionaler Tisch. Inspirationsquelle war hier das Projekt »Tables for a Restaurant« des japanischen Architekten Jun'ya Ishigami. Das zentral an der Schnittstelle von Küche, Wohn- und Schlafzimmer platzierte Möbelstück ist Schreib- und Esstisch in einem.

Ein weiteres typisches Merkmal japanischer Architektur sind die Schiebetüren. Sie lassen Raumgrenzen verschwimmen und das Interieur insgesamt luftiger wirken. »Mit diesen Türen können wir Räume schließen und mehr Intimität schaffen oder aber alles öffnen und großzügiger erscheinen lassen«, sagt Elizalde. »Beim Renovieren entdeckt man die Schönheit des Betagten. Alte Häuser waren noch echte Handarbeit. Es lohnt sich, darüber nachzudenken, wer in diesen Räumen schon alles gewohnt hat. Das erlaubt einem, verschiedene gestalterische Themen miteinander zu kombinieren, der Wohnung mehr Persönlichkeit zu verleihen und sie damit zu etwas Besonderem zu machen.«

FRISCHES FLAIR IN ALTEN MAUERN

ABBILDUNGEN

Seite 131: Der über 3 Meter lange Tisch im Apartamento Eixample ist an das Design von Jun'ya Ishigami angelehnt. Von der gewölbten Decke hängen moderne Lampen im Industriedesign.

Seite 132 oben: Die über 5 Meter lange Bank an der Wand ist Sitzmöbel und Regal in einem. Dank der Umgestaltung der Wohnung haben die Eigentümer jetzt mehr Stauraum.

Seite 132 unten links: Durch die traditionellen andalusischen Mosaikfliesen ist die vorherige Raumaufteilung noch deutlich zu erkennen.

Seite 132 unten rechts: Vom Balkon aus blickt man auf die Straße sowie auf das Wahrzeichen Barcelonas: Antoni Gaudís Sagrada Família.

Seite 133: Die hölzernen Schiebetüren beanspruchen weniger Platz. Im geöffneten Zustand lassen sie die Wohnung heller und luftiger wirken.

Seite 134: Das gesamte Apartment ist weiß gestrichen, damit die Räume möglichst hell wirken und das Augenmerk nicht von den Mosaikfliesen abgelenkt wird. Ein Oberlicht lässt auch bei geschlossener Tür Tageslicht ins Schlafzimmer.

APARTMENT RUSSELL/FONTANEZ

LOT-EK | NEW YORK, USA

Das mehrfach ausgezeichnete Architekturbüro LOT-EK mit Sitz in New York und Neapel wurde von Ada Tolla und Giuseppe Lignano gegründet. Berühmt für innovative Forschungsprojekte in puncto Material- und Energieeinsparungen, ist LOT-EK auch auf das Upcycling von Industrie-Objekten wie etwa Schiffscontainern spezialisiert. »Als wir in die USA kamen, fühlten wir uns inspiriert von der Omnipräsenz und Fülle der vom Menschen produzierten Dinge«, berichtet Tolla. »Wir fragten uns, wie es wohl wäre, hier als Architekten zu arbeiten, in Städten, für Städte. Wie könnten wir das Menschengeschaffene nutzen? Wie könnten wir Dinge, die bereits produziert worden waren, als Material für unsere Arbeit nutzen? Wir sammelten alles, was nicht mehr benötigt wurde, und prüften es in unserem Büro auf sein Verwendungspotenzial. Dabei versuchten wir, Zweck und kulturelle Bedeutung möglichst auszublenden. Wir nahmen Größe, Struktur und Form experimentell unter die Lupe, stellten die Dinge auf den Kopf, funktionierten sie um – und waren fasziniert von den Ergebnissen.«

2010 bekam LOT-EK den Auftrag, ein Apartment in einem New Yorker Mietshaus aus der Vorkriegszeit umzugestalten. Das Gebäude lag im East Village und war Anfang der 1980er-Jahre an eine Wohnungsbaugenossenschaft gefallen. Die Wohneinheiten hatte man kostengünstig renovieren lassen, wobei jeweils zwei Ein-Zimmer-Apartments zu einer Wohnung zusammengefasst worden waren. Der Nachteil daran war das mittig gelegene Treppenhaus, denn das hatte zu einer ungünstigen Raumaufteilung mit vielen dunklen Ecken, verwinkelten Grundrissen und jeder Menge nicht nutzbarem Platz geführt. Die Auftraggeber wünschten sich eine zeitgemäße, besser geschnittene, hellere Wohnung mit geräumigeren funktionalen Bereichen und mehr Stauraum. Tolla und Lignano beschlossen, die bisher ungenutzten Bereiche besonders in Szene zu setzen.

Sie entfernten überflüssige Zwischenwände und legten an den beiden Treppenhauswänden Korridore aus 63 recycelten, leuchtend rot lackierten Spinden an. Hier kann alles untergebracht werden, was nicht im Weg stehen soll. Vom schmaleren Korridor gehen zwei Badezimmer, eine Wäsche- und eine Abstellkammer ab. Im breiteren befindet sich der Essbereich mit einem maßgefertigten Tisch aus Altholz und Recycling-Stahl. An der Wand steht eine gepolsterte Sitzbank, die zusätzlichen Stauraum bietet.

Bei LOT-EK betrachtet man Städte, Gebäude und Räume als Schichtgebilde. Tolla erklärt: »Jedes Objekt trägt sein Leben und seine DNA in sich. Es besteht aus Schichten. Wir müssen nur eine weitere hinzufügen. Beim Upcycling ist dieses Objekt kein ›Material‹. Es ist ein Gegenstand, der physisch und konzeptuell modifiziert wird. Das Resultat sind völlig neue, überraschende Raum-, Farb- und Nutzererlebnisse. Wir lieben es, Dinge zu betrachten, die Fragen nach Herkunft und Herstellung ebenso wie wirtschaftliche, politische und sozial-ökologische Fragen aufwerfen. Immerhin erkennen die Menschen jetzt endlich den Nutzen und die Dringlichkeit von Upcycling. Gott sei Dank. Wir Architekten müssen aber nach wie vor kämpfen, denn die Bauindustrie hält immer noch an alten Konventionen fest. Da muss noch viel Überzeugungsarbeit geleistet werden. Aber wir sind glücklich und stolz darauf, an dieser Front tätig sein zu dürfen.«

REVIVED

FRISCHES FLAIR IN ALTEN MAUERN

ABBILDUNGEN

Seite 137: Im größeren der beiden Korridore des Apartment Russell/Fontanez bietet ein maßgefertigter Esstisch Platz für zwölf Personen. Die gepolsterte Sitzbank, aus alten Stahltüren gefertigt, bietet unter der Sitzfläche zusätzlichen Stauraum. Die Türen wurden so belassen, wie sie waren, inklusive Beschlägen und Abnutzungsspuren: schnörkelloses Industriedesign als Kontrapunkt zu aufwendiger gearbeiteten Objekten.

Seite 138 oben: Die Türen wurden von Benjamin Moore mit einem Glanzlack im Farbton »Safety Red« behandelt.

Seite 138 unten: Dank des Umbaus wirken die Räume an den beiden Enden der Korridore jetzt größer und klarer.

Seite 139 oben: Die Küchenzeile, eine Kombination aus Edelstahlschränken und Corian-Arbeitsplatte, wurde vom Gang ins ehemalige Esszimmer verlagert.

Seite 139 unten: Das von der glänzenden Oberfläche reflektierte Licht taucht die Umgebung in ein warmes Rot.

Seite 140: Die Aussparungen in den an der Decke montierten Türen, dort, wo früher die Türklinken und Schlösser waren, eignen sich ideal für die versenkte Anbringung von Einbaustrahlern. Von den Korridoren gehen seitlich Abstellraum, Bad und Wäschezimmer ab.

HOME B

QUINTANA PARTNERS | MENORCA, BALEAREN, SPANIEN

Quintana Partners – das sind Benito Escat Diaz, sein Sohn Benito Escat Velez und Pol Castells Segarra. Benito Escat Diaz stammt aus Barcelona und arbeitete jahrelang als Uhrmacher, bevor er Innenarchitekt wurde. Er hatte mehrere Immobilienobjekte in Frankfurt, Miami und Venezuela restauriert und seit jeher ein Faible für die Architektur Menorcas. Jedes Jahr machte er dort Urlaub, bis er schließlich beschloss, sich mit seinem Büro dort niederzulassen. Heute übernimmt Quintana Partners hauptsächlich Renovierungs- und Inneneinrichtungsprojekte in Barcelona und auf Menorca.

Home B befindet sich in einem Gebäude aus dem 18. Jahrhundert. Damals war Menorca noch britische Kolonie. In den 1930er-Jahren wurde das Bauwerk von einem einheimischen Architekten in ein Casino mit Restaurant umgebaut. Das Restaurant nahm das gesamte Erdgeschoss ein und galt wegen seines durchgehenden Fliesenbodens als eines der modernsten der Stadt. Während des Spanischen Bürgerkrieges trafen sich hier die Republikaner, bis die Lokalität auf Anweisung Francos geschlossen wurde, später war in den Räumlichkeiten ein Lampengeschäft untergebracht. Nachdem Diaz sich des Gebäudes angenommen hatte, machte er es zu seinem Zuhause.

Wie bei Quintana Partners üblich, blieb die Originalbausubstanz weitgehend unangetastet. Selbst die Spuren der Küchen- und Badezimmerrenovierung aus den 1960er-Jahren blieben erhalten. Man wollte nichts aus der Geschichte des Gebäudes streichen. Diaz sagt: »Unter dem Putz haben wir alles Mögliche aus früheren Zeiten gefunden, zum Teil sogar Zeichnungen und Fresken. Beim Renovieren wollten wir die Materialien und architektonischen Merkmale aus über 200 Jahren erhalten. Wir möchten nicht noch mehr Müll produzieren, sondern das Original wiederherstellen, denn so müssen wir nichts hinzukaufen und unseren Planeten nicht noch mehr belasten. Wir versuchen, so umweltschonend wie möglich zu arbeiten.«

Home B kombiniert die typischen Merkmale des englischen Kolonialstils, wie etwa die vielen kleinen Zimmer und die zentrale, über alle Wohngeschosse reichende Treppe, mit dem Komfort des 21. Jahrhunderts. Im Obergeschoss wurden nämlich Rohre und Leitungen ebenso wie das Badezimmer komplett erneuert. Besonderes Augenmerk verdient die eindrucksvolle Sammlung an Kunstgegenständen und kostbaren Möbeln, die das Haus zu einem wahren Raritätenkabinett macht. Hier sind Vintage-Elemente zwanglos mit Antiquitäten kombiniert. Die bunte Mischung umfasst unter anderem Spielautomaten, Modellflugzeuge, Ikonen, Totenschädel und Tierfellteppiche – alles im Laufe vieler Jahre von Diaz zusammengetragen und auch heute noch ein Quell der Freude und Inspiration. »Wir renovieren mit Vorliebe Objekte, die viel erlebt haben«, erläutert er. »Einen ganz besonderen Charme besitzen die Wandpfeiler und die Fenster. Sie und die Vintage-Möbel machen Home B zu einem Hort persönlicher Erinnerungen, gleichzeitig aber auch zu einem Spiegel des kulturellen und architektonischen Erbes Menorcas.«

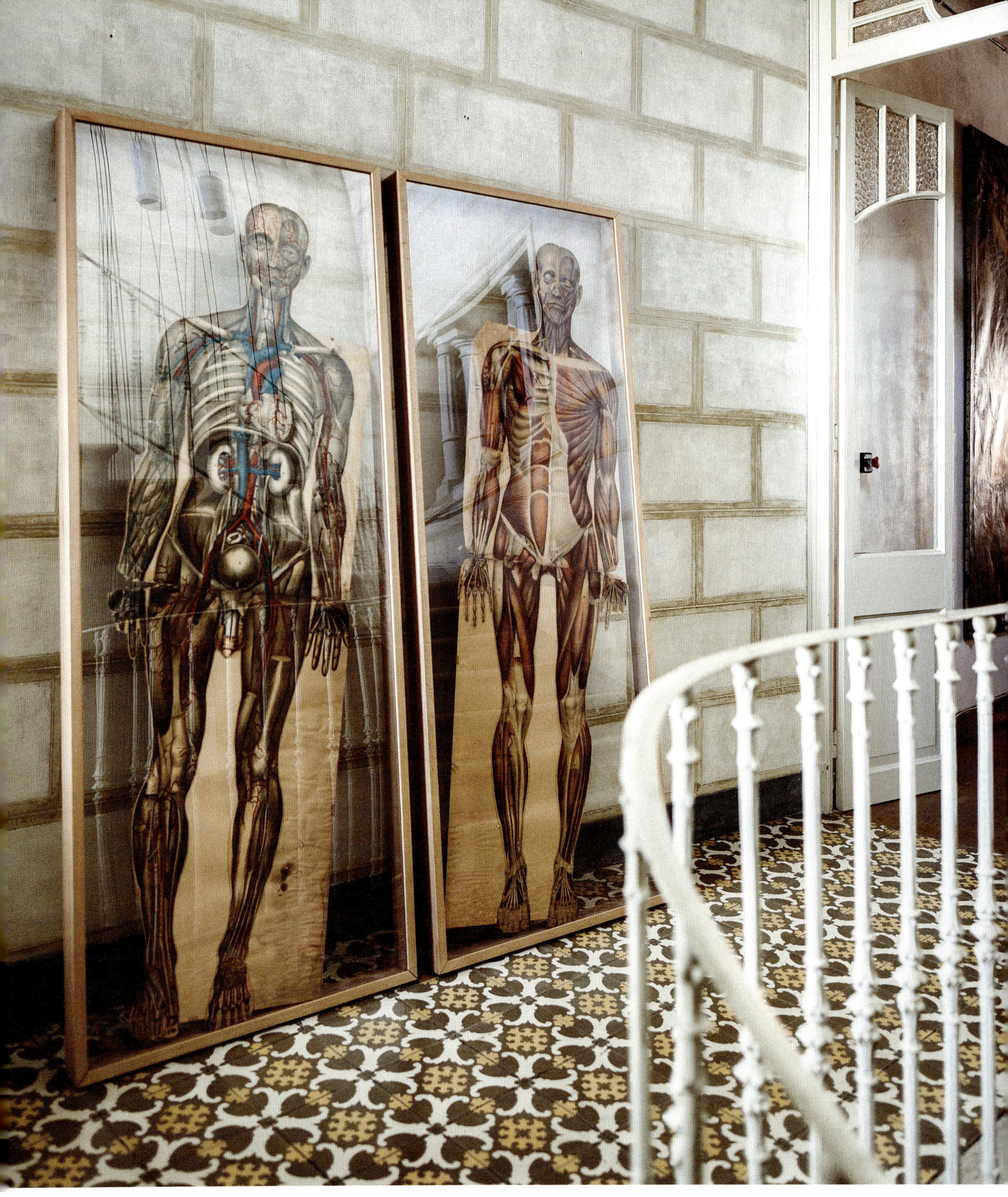

FRISCHES FLAIR IN ALTEN MAUERN

FRISCHES FLAIR IN ALTEN MAUERN

ABBILDUNGEN

Seite 143: Im Erdgeschoss sind noch die türkisfarbenen Wandfliesen aus den 1930er-Jahren erhalten. Damals war Home B noch ein Restaurant.

Seite 144: An originellen Vintage-Objekten mangelt es hier nicht, wie man an den beiden gerahmten Anatomiezeichnungen auf dem Treppenabsatz sieht.

Seite 145 oben links: Das Designer-Team wollte einiges von dem behalten, was bei früheren Renovierungen hinzu-gekommen war, wie etwa diese Küche aus den 1960er-Jahren.

Seite 145 oben rechts: Das Treppenhaus ziert eine extra für Home B gefertigte Hängeleuchten-Kaskade. Hersteller ist die spanische Firma Santa & Cole.

Seite 145 unten: Im Bad kontrastieren abbröckelnde Wandfarbe und Sichtbalken mit eleganten Armaturen und einer freistehenden Rollrandbadewanne. Die Original-Bausubstanz (Sand- und Kalkstein) stammt aus Steinbrüchen auf Menorca.

Seite 146: Auf drei Etagen werden in diesem Haus Möbel und Objekte aller Art in nicht vorhersehbarer Weise kontrapunktisch miteinander kombiniert. Diaz sucht sich seine Schätze weltweit zusammen, meistens in Antiquitätengeschäften.

Seite 147 unten: Der Totenkopf mit Krähe stammt aus einem Pariser Antiquitätengeschäft. Die charakteristischen Fenster sind Relikte aus der Zeit der englischen Kolonialherrschaft.

Siehe auch Doppelseite 254/255

SOMMER APARTMENT

LOFT KOLASIŃSKI | BERLIN, DEUTSCHLAND

Loft Kolasiński ist ein von Jacek Kolasiński geleitetes Atelier für Innendesign mit Sitz in Stettin – Hauptstadt der polnischen Woiwodschaft Westpommern an der deutsch-polnischen Grenze. Die Spezialität des Teams ist die Kombination von Vintage-Elementen mit Designermöbeln aus eigener Schreinerei.

Das Sommer Apartment ist Teil eines alten Schlosses unweit von Berlin. Das von Wald umgebene Gebäude wurde zwischen 1856 und 1859 erbaut und in der zweiten Hälfte des 20. Jahrhunderts zu Zeiten der DDR als Krankenhaus genutzt. Nach dem Mauerfall verfiel es zusehends, bis es schließlich einen Käufer fand und renoviert wurde.

Bevor mit der Renovierung begonnen werden konnte, musste erst einmal tonnenweise Bauschutt aus den Räumen im Erdgeschoss abtransportiert werden. Anstelle des alten Original-Dielenbodens wurden auf den insgesamt 160 Quadratmetern neue Bodendielen und -ziegel verlegt. Kolasiński orientierte sich beim Interieur an mediterranen Vorbildern. »Um das Ganze nicht zu banal wirken zu lassen, wurden elegante Möbel mit einem leicht exzentrischen, mysteriösen Touch gewählt. In der Küche haben wir uns dagegen für ein gemütliches einfaches Landhausambiente entschieden«, erklärt er.

Die meisten Möbelstücke, Lampen und Teppiche stammen aus Polen. Sie wurden mit Vintage-Objekten aus Dänemark und Tschechien kombiniert. Dank der guten Kontakte zu Händlern und Sammlern konnte das Team im Laufe der Jahre viele ausgefallene Vintage-Einzelstücke zusammentragen. Die vier grauen 50er-Jahre-Polstersessel wurden auf einer Auktion ersteigert und mussten komplett restauriert werden. Bei ihnen handelt es sich um seltene Einzelstücke, die in einem kleinen Werk im schlesischen Zadziele nahe Żywiec gefertigt wurden, das sich ursprünglich auf Bauhausstil spezialisiert hatte. Doch dann verbot der Staat die Fertigung der als zu avantgardistisch eingestuften Möbel, und das Werk musste sich auf Arzt- und Krankenhausmöbel verlegen.

Die eindrucksvollen Gewölberäume sind in hellem Weiß gestrichen, was die Deckenarchitektur besonders gut zur Geltung bringt. Manche Decken wurden aber auch im Urzustand belassen. Durch die Entfernung der Türen wirkt das Apartment nun luftiger und offener. Die Nischen in den Gemeinschaftsräumen eignen sich hervorragend, um ausgesuchte Vintage-Möbel effektvoll in Szene zu setzen. Und in der Küche sorgen sichtbar verlegte Leitungen, Edelstahlarbeitsflächen und ein Esstisch auf Rollfüßen für funktionales Industriedesign-Flair.

Kolasiński sagt: »Wir hatten schon viele ausgefallene Räumlichkeiten, darunter auch Fabrikgebäude, Dachspeicher und Altbauten. Wenn es darum geht, die richtige Balance zwischen Alt und Neu zu finden, verlassen wir uns auf unsere Erfahrung und unser Raumgefühl. Glücklicherweise können wir bei den meisten neuen Möbeln auf unsere hauseigene Schreinerei zurückgreifen. In der Welt des Designs ist alles schon mal da gewesen. Es ist also nicht leicht, etwas Neues zu machen. Das wird wohl dazu führen, dass immer mehr Möbel restauriert werden. Und da geeignete Fachleute nur schwer zu finden sind, werden traditionell geschreinerte Vintage-Möbel in Zukunft immer kostbarer und teurer werden.«

FRISCHES FLAIR IN ALTEN MAUERN 153

FRISCHES FLAIR IN ALTEN MAUERN

ABBILDUNGEN

Seite 151: Möbel und Lampen mit geometrischen Linien kontrastieren mit den Rundbögen und den rauen weißen Wänden des Sommer Apartments.

Seite 152 oben: Der Druck im Esszimmer stammt von dem polnischen Grafik-Designer Wiesław Wałkuski. Das Sideboard ist ein in Katowice gefertigtes Unikat aus den 1960er-Jahren

Seite 152 unten: Der große Wollteppich im Esszimmer stammt von dem Teppichhersteller Kowary (1968).

Seite 153 oben: Die Wände wurden vor dem Anstrich gereinigt und dünn verputzt.

Seite 153 unten: Ein rot gemusterter Läufer lenkt den Blick durch die Räume und sorgt gleichzeitig für eine gemütliche Atmosphäre.

Doppelseite 154/155: Der Esstisch in der Küche ist ein von Loft Kolasiński entworfenes Unikat. Als Beine dienen umfunktionierte Trockenhauben-Standfüße. Die polnische Design-Hängeleuchte in der Küche stammt aus den 1960er-Jahren. Die Altholz-Bodendielen kommen aus einem Haus in Polen.

REIMAGINED
KREATIVE ZWECKENTFREMDUNG

ALPINE BARN APARTMENT

OFIS ARHITEKTI | BOHINJ, SLOWENIEN

OFIS Arhitekti wurde 1996 von Rok Oman und Spela Videčnik gegründet. Das international tätige Architektenteam wurde schon mehrfach für seine Projekte ausgezeichnet – von Pariser Studentenwohnheimen bis hin zur Baryssau-Arena in Weißrussland. Bislang hat OFIS Arhitekti bereits mehr als 500 Projekte konzipiert, Oman ist außerdem noch Gastprofessor in Harvard.

Das Alpine Barn Apartment steht für Rückbesinnung auf kulturelle Traditionen und ist damit ein Musterbeispiel für den Erhalt regionaler Architektur. Viele nicht mehr genutzte Scheunen, Heuschober und Bauernhäuser verfallen nämlich einfach, bis sie abgerissen und durch 0815-Häuser ersetzt werden. Eine Ausnahme bildet diese 200 Jahre alte Scheune in den Julischen Alpen, denn das im Nordwesten Sloweniens in der Region Oberkrain gelegene Gebäude wurde in ein modernes Ferienhaus umgebaut. Äußerlich wurde die Scheune dabei nicht verändert, im Inneren bekam sie aber dank der Kreaviät von OFIS Arhitekti ein frisches und modernes neues Flair. Fußboden, Wände, Möbel wurden allesamt aus edel gebürstetem Fichtenholz von heimischen Bäumen hergestellt.

Früher befand sich im Erdgeschoss der Kuhstall und oben, über eine Rampe zugänglich, der Heuboden. Diese Rampe dient heute als Haupteingang zu dem 120 Quadratmeter großen Alpine Barn Apartment.

Der offene ebenerdige Raum wird durch alte Originalbalken in drei Bereiche gegliedert: Ess-, Wohn- und leicht erhöhter Schlafbereich. Einbauschrank, Bad, Sauna, Kamin und Küche befinden sich hinter einem Sichtschutz aus Holz an der Längsseite der ehemaligen Scheune. Ähnlich wie bei einem Loft besticht auch hier der Wohnraum durch seine offene Bauweise, die große Grundfläche und die klaren Linien. Für eine heimelige Atmosphäre sorgen Balken und Holzböden sowie die Holzverkleidung an Wänden und Dachschrägen.

Eine Treppe führt hinauf zur Galerie und in den Gästeschlafbereich. An der Querwand wurden gerahmte Schwarz-Weiß-Fotografien von Balkenstrukturen und Details der alten Scheune aufgehängt – eine Art Hommage an die Geschichte des Gebäudes. Der ehemalige Lagerraum neben dem Eingang wurde zu einer überdachten Veranda mit herrlichem Blick auf die Alpen umgebaut.

Die Holzverkleidung an der Fassade sowie die Dachschindeln wurden bewusst beibehalten. Von außen betrachtet, ist das Einzige, was auf eine Modernisierung hindeutet, die Gitterstruktur im Dachgiebel. Dieses architektonische Detail wird vor den Fenstern nochmals aufgegriffen. Dadurch erzeugt einfallendes Sonnenlicht ein schönes Licht-und-Schatten-Spiel im Inneren des Gebäudes. Oman berichtet: »Dieses Projekt befriedigte sowohl unsere ästhetischen Vorstellungen als auch unseren Wunsch nach Nachhaltigkeit und dem Bewahren von Erhaltenswertem. Gebäude dieser Art stehen nicht unter Denkmalschutz. Deshalb wollten wir mit dem Alpine Barn Apartment ein Beispiel setzen und andere davon abbringen, sie einfach abzureißen.«

REIMAGINED

KREATIVE ZWECKENTFREMDUNG

REIMAGINED

KREATIVE ZWECKENTFREMDUNG

ABBILDUNGEN

Seite 161 und 163 oben links: Ein großes rechteckiges Feld mit Gittermuster ist das Einzige, was äußerlich auf einen Umbau hindeutet. Unter der ehemaligen Scheune befinden sich Abstell- und Vorratsraum sowie ein Autostellplatz.

Seite 162 oben: Die in ein Ferienhaus umgebaute Scheune liegt in den Julischen Alpen. Scheunen dieser Art sind typisch für die slowenische Landschaft.

Seite 162 unten: Die Wandvertäfelungen aus gebürstetem Fichtenholz im Schlaf-, Ess- und Wohnbereich sorgen für optische Einheitlichkeit, sodass man sich fühlt wie in einem Kokon aus Holz.

Seite 163 oben rechts: Der Wohnbereich geht in eine Art Veranda über, die früher als externer Lagerraum genutzt worden war.

Seite 163 unten links: Über eine Treppe gelangt man in den Schlafbereich im Mittelgeschoss.

Seite 163 unten rechts: Runde Löcher in der Fassade sorgen für interessante Licht- und Schattenspiele.

Doppelseite 164/165: Aufgrund ihrer Größe und Bauweise war die Scheune geradezu prädestiniert für den Umbau in ein Loft. So kommen auch die Dachbalken hervorragend zur Geltung.

Seite 166: Über die Rampe gelangt man hinauf zum Haupteingang.

LIGHT STUDIO

MANOLO YLLERA | MADRID, SPANIEN

Bereits beim Betreten der Atelier-Wohnung des spanischen Fotografen Manolo Yllera wird dessen Leidenschaft für Innenarchitektur offenkundig. Das mit einer fantasie- und geschmackvollen Mischung aus Vintage-Objekten, -Möbeln und Kunstgegenständen eingerichtete Loft hat ihn fast genauso berühmt gemacht wie seine Fotoarbeiten, denn es diente bereits mehrfach als Kulisse für Kinofilme, TV-Produktionen und Fotoshootings.

Die Entscheidung, ein Loft in einer ehemaligen Industriebäckerei zu kaufen, war eine rein pragmatische. Als Fotograf braucht Yllera gute Lichtverhältnisse und viel Platz, damit er seine Spots und Blitzstative leicht von einem Ort zum anderen bewegen kann. Raum zum Wohnen benötigte er außerdem. Er erzählt: »Es war schwer, im Zentrum Madrids eine Wohnung ohne Säulen mitten im Raum zu finden, mit 4, 5 Meter hohen Decken, ausreichend Tageslicht und einer klaren Abgrenzung zwischen Wohn- und Arbeitsbereich. Eigentlich wünschte ich mir eine praktische, nicht zu vollgestellte Wohnung. Ursprünglich wollte ich aus dem Loft ein möglichst leeres Fotoatelier machen, aber da hat mir meine Deko-Leidenschaft einen Strich durch die Rechnung gemacht.«

Ylleras Sammlung begann mit einem Sessel, dessen Bezug aus recycelten Kaffeesäcken bestand. Danach kam ein Louis-XV-Sofa, und ehe er sich's versah, standen überall Stühle und alles war voller Teppiche. »Bei jedem Fotoshooting mussten wir die Möbel auf die Straße oder irgendwo anders hinbringen. Das war Wahnsinn und viel zu umständlich«, erinnert er sich. Zu seiner großen Überraschung brachte gerade diese Einrichtung ihm aber jede Menge neue Aufträge ein. In seiner Wohnung wurden nämlich bereits zahlreiche Videoclips, Filme und Werbespots gedreht – insgesamt über 50. Er fügt hinzu: »In meiner Küche wurden Kochshows gedreht, auf meinen Sofas haben Models getanzt, und der Sessel mit dem Jutebezug ist sogar auf einem Albumcover zu sehen.«

Den Hintergrund für Ylleras eklektische Sammlung bilden weiße Wände, ein heller Boden und diverse marokkanische Beni-Ourain-Teppiche. Der bunte Stilmix umfasst Möbel, die er auf dem Sperrmüll gefunden hat, Erbstücke und Design-Klassiker mit Kultstatus. Klassische Stücke stehen neben Statement-Objekten wie einem roten Maarten-Baas-Stuhl aus der Clay-Serie, dazwischen immer wieder Ylleras Arbeitsgerät. Der Fotograf verpasste den von seiner Großmutter geerbten Möbeln kurzerhand einen anderen farblichen Anstrich, damit sie sich besser in das neue Ambiente einfügten. Außerdem beauftragte er befreundete Künstler mit der Verschönerung seiner Wände. Manche Bilder wurden direkt auf Paravents oder Türen gemalt.

Aufgrund der steigenden Nachfrage war Yllera gezwungen, eine kleine Lagerhalle in der Nähe seines Studios anzumieten, in der er die für Fotoshootings benötigten Themenmöbel lagert. Mittlerweile hat er für jedes Shooting das passende Dekor. »Der Raum hat seine eigene Dynamik entwickelt«, sagt er. »Das Loft ist ein Spiegel meines Lebens und meines Berufes. Beides verschmilzt hier zu einer Nonsense-Story mit Happy End.«

KREATIVE ZWECKENTFREMDUNG

ABBILDUNGEN

Seite 169: Die rostigen Tolix-Stühle wurden aus einem Müllcontainer gefischt. Eine Treppe führt hinauf ins Halbgeschoss. Dort befindet sich Ylleras Büro.

Seite 170: Der Couchtisch wurde aus einer Tür gemacht, die als Sperrmüll auf der Straße stand.

Seite 171 oben links: Der Lüster über dem Esstisch gehörte Ylleras Großmutter ebenso wie der mit dickem Filzstiftstrich verzierte antike Spiegel.

Seite 171 oben rechts: Im Wohnzimmer steht ein Sessel mit einem Bezug aus recycelten Kaffeesäcken sowie ein Stuhl aus Teilen eines alten Ölfasses.

Seite 171 unten: Überall in der Wohnung liegen marokkanische Beni-Ourain-Teppiche.

Doppelseite 172/173: Vor dem Hintergrund neutral gestrichener Wände fügt sich Ylleras eklektischer Mix zu einem harmonischen Ganzen zusammen. Auf dem Polster der Sesselrückenlehnen prangen große Farbkleckse. Eine Kabelrolle bildet das optische Pendant zur Wanduhr.

Seite 174: Das Untergestell des Wandtisches hat Yllera auf der Straße gefunden. Als Tischplatte dient eine alte Holzpalette. Künstlerische Akzente wie die Zeichnung auf der Tür sind überall in der Wohnung zu finden und sorgen für Atelier-Ambiente.

GARAGE LOFT

BRICKS STUDIO | AMSTERDAM, NIEDERLANDE

Der Innenarchitekt James van der Velden wurde in London geboren. Später zog er mit seiner Familie in ein Gutshaus und schließlich in die Niederlande. Seine Mutter verwendete viel Liebe auf die Einrichtung des Hauses und passte das Dekor dem Wechsel der Jahreszeiten an. Dieses häusliche Ambiente hat wohl auch van der Veldens Kreativität und Leidenschaft für Inneneinrichtung geweckt. Nachdem er in London Raumgestaltung studiert und für Innenarchitekturbüros wie Kelly Hoppen Interiors und Piet Boon gearbeitet hatte, kehrte er 2010 nach Amsterdam zurück und eröffnete sein eigenes Büro unter dem Namen Bricks Studio.

Wer im Vorbeigehen das graffitiverzierte Rolltor des Garage Loft sieht, ahnt nicht, was sich dahinter verbirgt. Umgeben von hübschen alten Häusern, war es gerade die bescheidene Fassade dieses Gewerbebaus aus den 1950er-Jahren, die James van der Velden besonders anzog. Er bekam sofort Lust, etwas daraus zu machen.

Sein Plan war, die Räumlichkeiten in Wohnraum umzubauen. Ursprünglich waren sie als Lagerflächen genutzt worden und hatten dann eine Autowerkstatt beherbergt. »Da es sich um eine alte Werkstatt in einem Altstadtviertel handelte, wollte ich etwas schaffen, was so aussah, als sei es schon seit vielen Jahren dort«, sagt van der Velden. »Bei all meinen Projekten schaue ich mir als Erstes die vorhandene Substanz an und überlege, was ich verwenden kann, wie beispielsweise schöne alte Türen, Balken, Mauern oder sogar Holzkonstruktionen hinter Rigipsplatten.«

Der Umbau dauerte lediglich ein Jahr und das Endergebnis trägt eindeutig van der Veldens Handschrift: ein eklektischer Mix aus diversen Materialien, Antiquitäten und Objekten verschiedener Epochen – zusammengefasst durch eine moderne Ausrichtung. Ein zentrales Design-Element sind die vom Boden bis zur Decke reichenden Stahl-Glas-Wände im Wohnbereich, die einen kleinen Lichthof umrahmen. Dieser bringt neben Licht auch frische Luft ins Innere und lässt den Raum offener wirken. Dahinter wurden neue Mauern eingezogen und darin Schlafzimmer (hier steht ein altes Motorrad oben auf dem Regal), Gästezimmer und ein Bad untergebracht.

van der Velden verliebte sich unter anderem deshalb in die alte Autowerkstatt, weil sie ihm als die ideale Vitrine für seine zahlreichen Antiquitäten und Vintage-Fundstücke erschien. Die meisten seiner Schätze stammen von Pariser Flohmärkten oder Internet-Auktionsportalen. Mit dem Nebeneinander von Alt und Neu setzt er bewusst auf Kontraste. »Aus der Kombination von Altem und Neuem können geschmackvolle Räume voller Überraschungen hervorgehen«, sagt er. »Arbeiten auf begrenztem Raum hat auch sein Gutes. Der Rahmen ist zwar klar abgesteckt, aber das ist ja durchaus von Vorteil, denn das macht einen kreativer.«

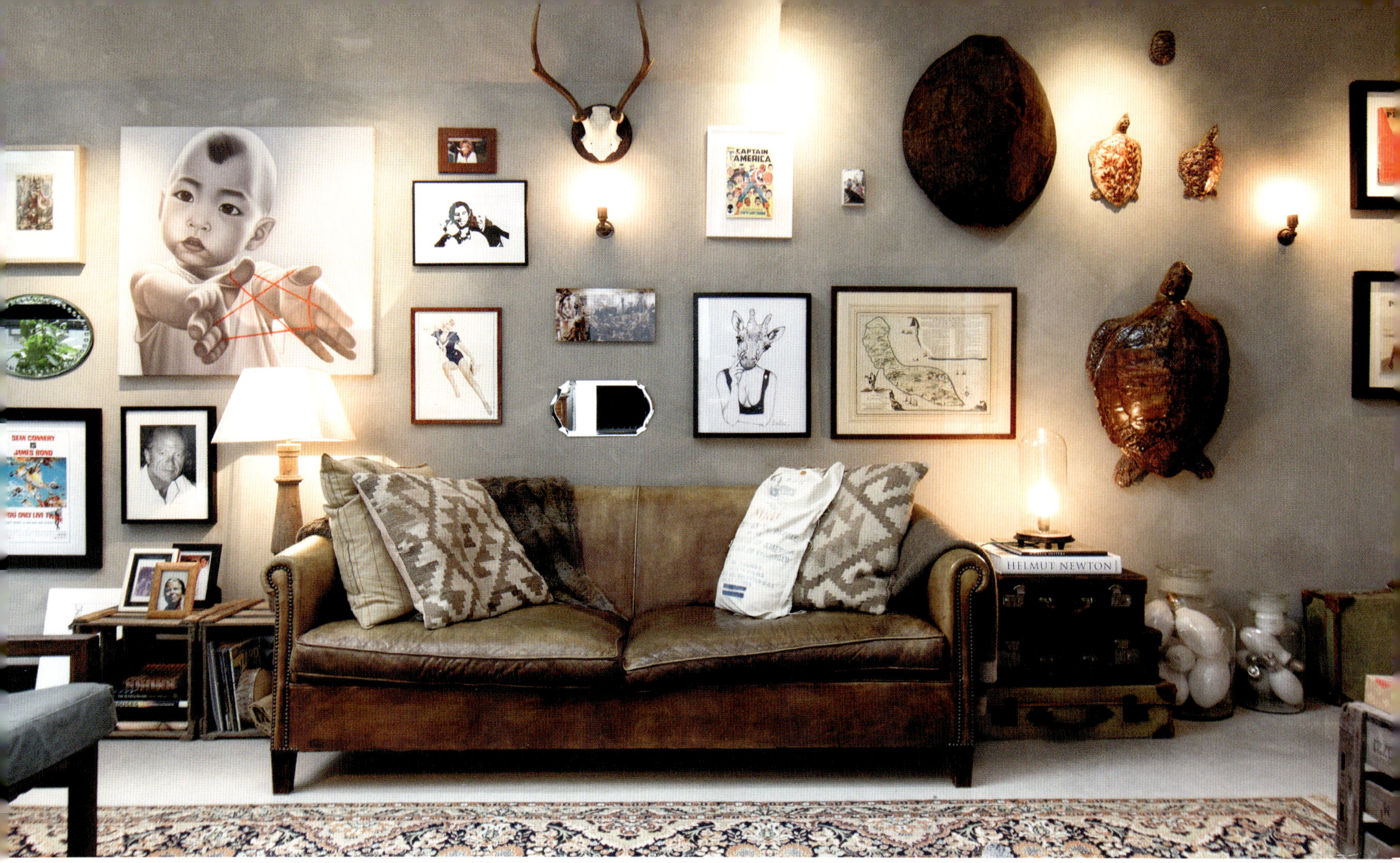
SEAN CONNERY
JAMES BOND
CAPTAIN AMERICA
HELMUT NEWTON

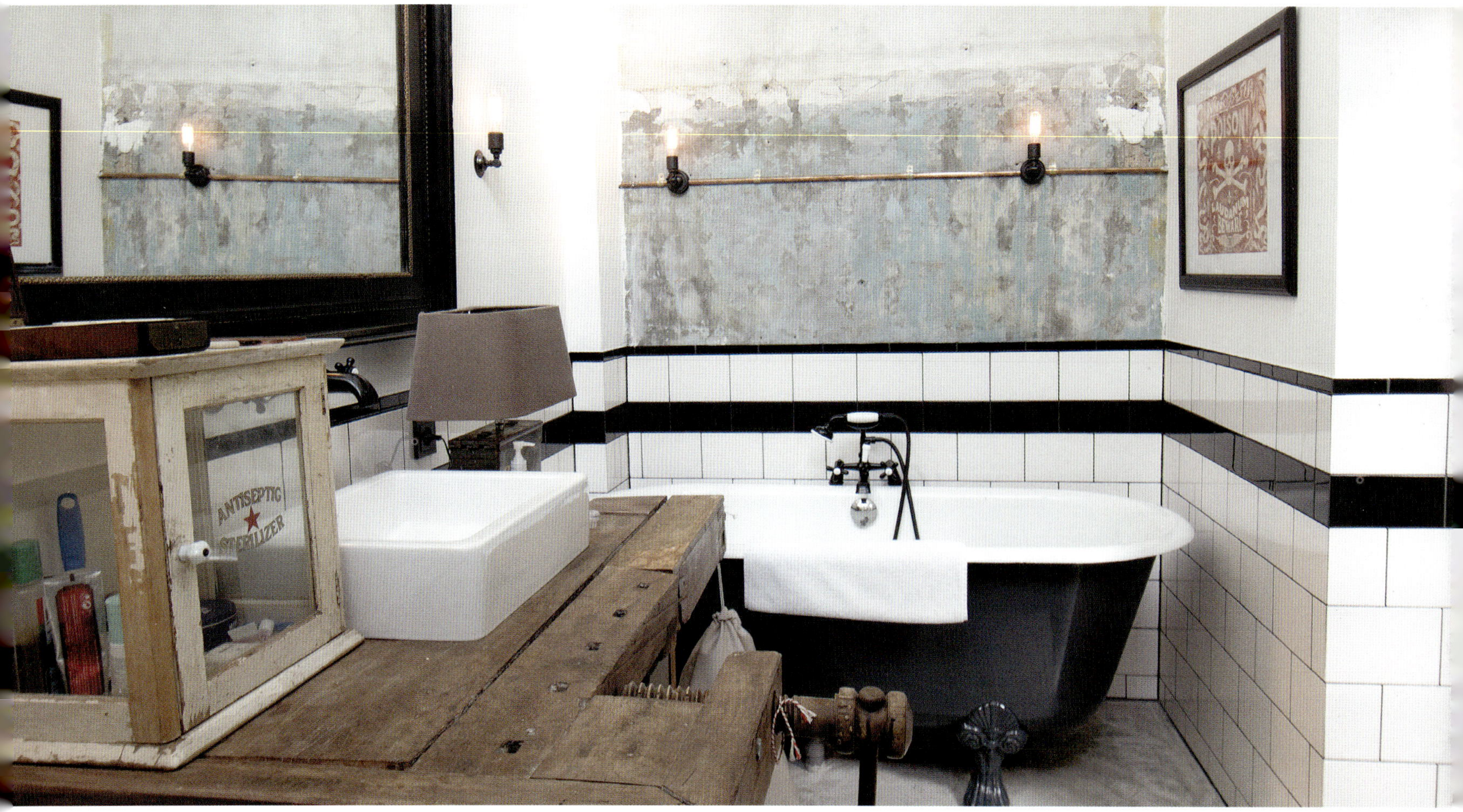
ANTISEPTIC
STERILIZER

KREATIVE ZWECKENTFREMDUNG

REIMAGINED

ABBILDUNGEN

Seite 177: Die unverputzten Mauern und die harte, raue Ästhetik der ehemaligen Werkstatt hatten es van der Velden angetan. Hieraus machte er ein Loft im typischen Industriestil mit bis zum Dach reichenden verglasten Lichthöfen.

Seite 178 oben: Im Laufe der Jahre hat sich van der Veldens Wohnung zu einem wahren Raritätenkabinett entwickelt. Das Vintage-Sofa hat er auf einem Auktionsportal im Internet ersteigert.

Seite 178 unten: Authentischer Industrie-Chic – manche Mauern wurden bewusst im Originalzustand belassen.

Seite 179 oben: Da im vorderen Teil der Werkstatt nach wie vor Autos parken, wirkt das Loft von der Straße aus noch immer wie eine Autowerkstatt. Den Esstisch hat van der Velden selbst entworfen, darüber baumeln Hängeleuchten im Industriedesign-Stil.

Seite 179 unten: Die Bahnhofsuhr zwischen Küche und Wohnbereich ist ein Geschenk von van der Veldens Vater.

Seite 180 oben: Da die alte Werkstatt nur aus einem großen Raum bestand, van der Velden aber zwei Zimmer mit Bad wollte, mussten Zwischenwände eingezogen werden. Schwarz gestrichene Türrahmen greifen das Schwarz der Stahl-Glas-Fenster auf. Im Schlafzimmer steht auf dem Regal ein altes Motorrad.

Seite 180 unten: Die Möbel im Gästezimmer wurden aus Holzpaletten gefertigt. An der schwarz gestrichenen Wand hängt eine alte Karte des Deutschen Reichs aus dem 19. Jahrhundert.

LA FÁBRICA

RICARDO BOFILL TALLER DE ARQUITECTURA | BARCELONA, SPANIEN

Nach seinem Abschluss an der Genfer Architekturschule 1963 scharte Ricardo Bofill ein internationales Team aus Architekten, Ingenieuren, Soziologen und Philosophen um sich, um gemeinsam mit ihnen das Unternehmen Ricardo Bofill Taller de Arquitectura zu gründen. Bis heute hat er über 1000 Projekte in über 40 Ländern betreut und dafür zahlreiche Auszeichnungen erhalten. Zu seinem vielfältigen Portfolio zählen stadtplanerische Gesamtkonzepte ebenso wie Entwürfe für Infrastrukturprojekte, Flughäfen, Kultureinrichtungen, Bürogebäude, Privathäuser, Interieurs, Möbel und Produktdesign.

Der Sitz seiner Firma ist ein besonders eindrucksvolles Beispiel für das Thema Wiederverwertung in der Architektur. Das La Fábrica, ein Gebäude von der Größe eines Schlosses, liegt inmitten einer Grünanlage in der katalanischen Gemeinde Sant Just Desvern, etwa zehn Kilometer westlich von Barcelona. Das ehemalige Zementwerk aus dem späten 19. Jahrhundert umfasst acht Silos, in denen heute Büros, ein Modell-Labor, Archive, eine Bibliothek, ein Projektionsraum und die sogenannte Kathedrale untergebracht sind. Letzteres ist ein großer Raum, der für Ausstellungen, Konzerte und Kulturveranstaltungen genutzt wird. Außerdem befinden sich hier auch Bofills Privaträume.

»Meine erste Begegnung mit La Fábrica hatte ich 1973«, erinnert sich Bofill. »Riesige Silos, ein hoher Schornstein, vier Kilometer unterirdische Gänge und Maschinenräume in gutem Zustand sowie große leere Hallen, denen irgendwie etwas Magisches anhaftete. Fasziniert von der Gegensätzlichkeit dieses Ortes, beschloss ich sehr bald, die Fabrik zu erhalten, ihr aber zumindest teilweise ihre Grobschlächtigkeit zu nehmen und sie zu modellieren wie eine Skulptur. Als Erstes kam mir die romantische Idee mit der Begrünung. Dann beschloss ich, dort auch zu wohnen, einfach nur so, um der Herausforderung willen. Als Architekt bekommt man schließlich alles hin, und genau das wollte ich beweisen, indem ich die Fabrik zu meinem Arbeitsplatz und Zuhause machte. Nun wirft die Arbeit an einem Bestandsgebäude immer die Frage auf, was erhalten und was abgerissen werden soll. Hier die richtige Balance zu finden ist grundsätzlich die größte Herausforderung. Wenn das jedoch gelingt, kann ein Umbau den historischen Wert eines Gebäudes noch zusätzlich unterstreichen. Ich wollte beweisen, dass man aus einem Bestandsgebäude alles machen kann, was man will. Hier ging es um ein Industriegebäude, das einem auf den ersten Blick vielleicht Grenzen setzte, und wir standen vor einer schwierigen Aufgabe: Arbeits- und Privaträume unter einem Dach zusammenzufassen. Es ist aber gelungen, und für mich ist das perfekt. Nirgends könnte ich mich besser konzentrieren und kreativer arbeiten.«

La Fábrica ist voller surrealistischer Elemente: Treppen, die ins Nichts führen, oder seltsam proportionierte Räume ohne erkennbare Funktion. »Sie sind magisch, weil disproportioniert und voller Spannung«, erklärt Bofill. »Hier sieht man, dass ein fantasievoller Architekt jeden Raum für jeden erdenklichen Zweck umbauen kann, egal wie stark sich dieser von der ursprünglichen Nutzung unterscheidet.«

REIMAGINED

KREATIVE ZWECKENTFREMDUNG

ABBILDUNGEN

Seite 183: Vor dem Umbau wurden Teile des Zementwerks gesprengt oder mithilfe von Presslufthämmern abgetragen. Das dauerte über eineinhalb Jahre. Hier die sogenannte Kathedrale mit einer Deckenhöhe von 10 Metern.

Seite 184: Lange weiße Vorhänge sorgen im Wohnzimmer für ein freundliches Ambiente. Die hohen Bogenfenster erinnern an die historische katalanische Architektur, wie man sie aus Barcelonas Gotischem Viertel kennt. Die Möbel wurden in Bofills Design-Abteilung entworfen.

Seite 185: Die »Kathedrale« wird für Ausstellungen und Kulturevents genutzt.

Doppelseite 186/187: Der gesamte Komplex wurde üppig begrünt, unter anderem mit Eukalyptusbäumen, Palmen, Seidenakazien, Zypressen sowie Kletter- und Hängepflanzen aller Art, die das schroffe Industriegebäude in eine grüne Oase verwandeln.

Seite 188: La Fábrica beherbergt auch Bofills Privaträume sowie acht Gäste- und zwölf Badezimmer.

TRIBECA LOFT

ANDREW FRANZ ARCHITECT | NEW YORK, USA

Das preisgekrönte Tribeca Loft befindet sich im obersten Stock eines 1884–1885 nach Entwürfen von George W. DaCunha errichteten neuromanischen Gebäudes. Ursprünglich wurde das Bauwerk von mehreren Firmen als Lagerhaus genutzt, unter anderem von der Harrel Soap Company, die Rohre und Beschläge herstellte, einer Metalldrückerei sowie diversen Lebensmittelgeschäften und -lieferanten. Im obersten Stock war ursprünglich die Romanoff Caviar Company untergebracht, die dort ihre Kühlräume hatte. In jüngerer Zeit wohnte und arbeitete hier ein Künstler und Stylist. Schließlich fanden die Räume ihren jetzigen Eigentümer, der den Architekten Andrew Franz mit dem Umbau in ein Vier-Zimmer-Loft mit großem Wohnbereich und Terrasse beauftragte.

Als Franz die fast 280 Quadratmeter zum ersten Mal sah, war praktisch alles im Rohzustand: Betonboden, keine Zwischenwände, schlechte Luftzirkulation und wenig Tageslicht trotz der hohen Decke. »An der niedrigsten Stelle der Decke war ein Zwischengeschoss eingezogen, auf dem man nur gebückt stehen und gehen konnte«, erzählt Franz. »Dafür waren der Charme des Alten und die Dynamik des Raumes ungemein inspirierend. Was uns vorschwebte, war eine helle, gemütliche Wohnung in offener Architektur, eine Kombination aus natürlichen, städtischen und historischen Elementen. Auch wenn es sich bei dem Loft ursprünglich um einen Lagerraum gehandelt hatte, sollte es Wärme und Behaglichkeit ausstrahlen.«

Franz verlagerte zunächst das Zwischengeschoss von der West- an die Südwand, da dort die Decke höher ist. Hier wurde ein versenkter, verglaster Lichthof mit Glasschiebedach angelegt, von dem aus eine Treppe hinauf zur Dachterrasse führt. »Der Lichthof bringt nicht nur Tageslicht und frische Luft in den Raum, sondern eröffnet den Blick in den Himmel, bereichert die Wohnung optisch um mehrere gestaffelt angeordnete Wohnebenen und schafft so ein ganz neues Gefühl von Höhe. Je nach Aufenthaltsort bietet sich dem Betrachter ein immer wieder neues Bild.«

Die vorhandene Bausubstanz wurde mit extern beschafften Recycling-Materialien und moderneren Elementen kombiniert, sodass Alt und Neu in einen visuellen Dialog treten. »Eigentlich hatten wir bei den Balken einen helleren, wärmeren Farbton unter der Farbe vermutet, doch als wir diese abkratzten, kam eine schwarz verkohlte Oberfläche darunter zum Vorschein«, erinnert sich Franz. »Wochenlang haben wir versucht, Pfeiler und Balken zu reinigen, bevor wir uns damit abfanden und alles ließen, wie es war. Rückblickend eine gute, wenn auch rein zufällige Entscheidung. Das tiefe Schwarz im oberen Bereich der Pfeiler erzeugt einen netten Farbverlauf-Effekt und wirkt wie ein Schatten. Die Pfeiler sind noch dazu vom Feuer leicht verzogen, was sie mit etwas Fantasie wie Baumstämme aussehen lässt und ihnen die geometrische Strenge nimmt. Manchmal werden aus Nachteilen eben Vorteile. Gutes Design ist weder eine übertriebene Hommage an die Moderne noch eine Kopie des Vergangenen, sondern zeitlos und umweltbewusst. Das Schöne an Bestandsgebäuden ist, dass sie von Vergangenem berichten oder Geschichten in sich bergen, die noch darauf warten, entdeckt zu werden.«

KREATIVE ZWECKENTFREMDUNG

REIMAGINED

KREATIVE ZWECKENTFREMDUNG

ABBILDUNGEN

Seite 191: Der kleine Innenhof mit einziehbarem Glasdach lässt nicht nur Licht in die Wohnung, sondern erweitert diese um einen Freiluftbereich. Von hier aus gelangt man auf eine Dachterrasse mit herrlichem Blick.

Doppelseite 192/193: Die schwarz verkohlten Balken sind Reminiszenzen an die Vergangenheit des ehemaligen Kaviarlagers. Stufen und Handlauf der Stahltreppe wurden aus dem Holz der alten Dachbalken gefertigt. Eine alte Fahrstuhlwinde wurde zum Untergestell eines Couchtisches mit schwenkbaren Altholz-Tischplatten.

Seite 194 oben: Ursprünglich gab es im Loft keinen Zugang zum Dachbereich. Durch Verlagerung des Zwischengeschosses an die Südwand reichte die Raumhöhe aus, um den kleinen Innenhof zu errichten, von dem aus man auf die Dachterrasse gelangt.

Seite 194 unten: Verblendungen aus Walnussholz prägen das Ambiente des gesamten Lofts.

Seite 195 oben: Damit Tageslicht bis in die hintersten Winkel dringen kann, wurden an der Nordseite vor dem Schlafbereich Glas- anstelle von Massivwänden eingezogen.

Seite 195 unten links: Mit dem Dachgarten wollte Franz eine grüne Oase im hektischen Großstadtdschungel schaffen. Die Pflanzen sind durchweg pflegeleicht.

Seite 195 unten rechts: Das Loft wurde mit Vintage-Möbeln aus der Mitte des 20. Jahrhunderts eingerichtet.

CARLTON NORTH APARTMENT

HEARTH | MELBOURNE, AUSTRALIEN

Sarah Trotter studierte Architektur in Queensland und Melbourne. Während ihrer Tätigkeit für diverse australische Architekturbüros wie Six Degrees, Peter Elliott und Robert Simeoni war sie nebenbei auch freiberuflich tätig – unter anderem als Foodstylistin und Art Director bei Filmproduktionen. 2012 gründete sie das Innenarchitektur- und Design-Studio Hearth. Außerdem ist sie Gründerin des Produktdesign-Studios Groupwork und Mitbegründerin der Rezepte-Webseite *Trotski & Ash*.

Das Carlton North Apartment liegt neben dem Elternhaus des Auftraggebers. Ursprünglich handelte es sich hierbei um eine von den Merchant Builders in den 1970er-Jahren gebaute Werkstatt. Die Merchant-Builder-Bewegung war eine von David Yencken und John Ridge ins Leben gerufene Initiative australischer Bauunternehmer, die zwischen den 1960er- und 1990er-Jahren überall in Down Under modernistische Gebäude errichteten.

»Anfangs haben wir uns die Werkstatt erst einmal genau angesehen«, berichtet Trotter. »Die Backsteinmauern und sichtbaren Deckenbalken gaben praktisch die Raumaufteilung vor. Der Auftraggeber Alex Kennedy bat mich, den Raum trotz oder eher wegen des eingeschränkten Platzes so funktional wie möglich zu gestalten, dabei aber auch das Grün vor den Fenstern optisch mit ins Konzept einzubeziehen. Gerade der Bezug zwischen drinnen und draußen machte den besonderen Reiz dieses Projektes aus, denn hier kann man vom Schlafzimmer aus direkt ins Grüne blicken.«

Die Werkstatt schien geradezu ideal, um in Wohnraum verwandelt zu werden. Trotter fügt hinzu: »Sie bot ausreichend Bewegungsfreiheit und genügend Platz für die verschiedenen Wohnbereiche. Unter der Rampe im hinteren Bereich konnte man bequem alle Rohre für die sanitären Anlagen verlegen. Danach verkleideten wir die Rampe mit einem Überbau, der als Plattform für das Bett fungiert. Die Raumaufteilung orientierte sich an den Deckenbalken.«

Die Inneneinrichtung besteht größtenteils aus recycelten Materialien. Alle Lampen sowie die komplette Badezimmereinrichtung stammen von Auktionen, Wertstoffhöfen oder aus dem Internet. Trotter und Kennedy investierten nämlich lieber etwas mehr Zeit in die Suche nach hochwertigen alten Dingen, als minderwertige neue zu kaufen, die noch dazu teurer gewesen wären. Sogar Armaturen, Waschbecken und Toilette wurden gebraucht gekauft, der Arbeitsblock in der Küche ist die Original-Werkbank aus der ehemaligen Werkstatt, und aus alten, vor Ort vorhandenen Brettern wurden Sitzbänke geschreinert.

»Meine Arbeit passt sich den Gegebenheiten vor Ort an«, sagt Trotter. »Ich finde es spannend, wie man in einem vorgegebenen Raum neue Ideen entwickeln kann, Grenzen verschiebt, überraschende neue Ausblicke schafft und Räume in Beziehung miteinander setzt. Das ist nicht immer leicht, zahlt sich aber in jedem Fall aus. Sanierung alter Strukturen und Wiederverwertung bestehender Objekte sind wichtige Zukunftsthemen. Viel zu oft wird Denkmalpflege vom Gesetzgeber oder von Behörden vorgegeben und nicht freiwillig praktiziert. Wir werden uns noch sehr viel mehr einfallen lassen und alle verfügbaren Ressourcen nutzen müssen, um Müll zu vermeiden und eine besser bebaute Umwelt zu schaffen.«

ABBILDUNGEN

Seite 199: Das Vintage-Tagesbett aus der Mitte des 20. Jahrhunderts dient als Couch. Der Boucherouite-Teppich wurde bei einer Online-Auktion ersteigert und setzt Farbakzente in der von Naturtönen dominierten Wohnung. Das Foto an der Wand stammt von Conor O'Brien.

Seite 200 oben links: Aus dem etwas erhöhten Schlafbereich blickt man durch ein Oberlichtfenster auf Bäume und eine kleine Gasse. So kann man im Schlafzimmer die Morgensonne genießen und dennoch unbeobachtet bleiben.

Seite 200 oben rechts: Die ursprüngliche Wohnung hatte dünn verputzte Ziegelmauern und Deckenbalken aus Eiche. Zwischen diesen wurde eine Decke aus gekalktem Sperrholz eingezogen. Bad und WC sind durch einen beidseitig zugänglichen Regalschrank mit integriertem Vintage-Waschbecken voneinander getrennt.

Seite 200 unten: Das Holz für die Arbeitsplatte in der Küche stammt noch aus der ehemaligen Werkstatt. An der Wand dienen japanische Fliesen als Spritzschutz.

Seite 201: Optische Blickfänge in der Küche sind die Retro-Pendelleuchte, die handgefertigten Ledergriffe an den Schränken und die aus der ehemaligen Werkbank gefertigte Kücheninsel. Auf den Regalen Keramik von Marloe Morgan. Spülbecken und Wasserhähne stammen aus einem Labor.

Seite 202: Die freistehende Badewanne auf Löwenfüßen wurde in einem Gebrauchtmöbellager entdeckt, der Spiegel bei einer Online-Auktion. Die Grünpflanzen vermitteln ein Gefühl von Eleganz und Ruhe.

CHAPEL ON THE HILL
EVOLUTION DESIGN | COUNTY DURHAM, GROSSBRITANNIEN

Architekt Stefan Camenzind ist der Gründer von Evolution Design, einem mehrfach ausgezeichneten Architektur- und Design-Studio mit Sitz in Zürich. Bei einem Urlaub im britischen Teesdale, einem Wandergebiet in den North Pennines, stießen Camenzind und sein Schwager auf eine kleine Methodisten-Kapelle. 1880 erbaut, hatte sie den hier ansässigen Gläubigen 107 Jahre als Gotteshaus gedient, bis sie 1987 geschlossen wurde. Die Kirche war mit Brettern vernagelt, innen leer und stark heruntergekommen. Fasziniert von der Schönheit der rauen Landschaft und dem weiten Horizont, beschlossen die beiden, sich des verfallenden Gebäudes anzunehmen, und 2015 war der Umbau in ein Ferienhaus mit Platz für sieben Personen abgeschlossen.

»Wir wollten den Ort unbedingt auch unseren Familien zeigen«, erklärt Camenzind. »Man versteht sofort, warum die Kapelle ausgerechnet hier auf diesem Hügel inmitten dieser fantastischen Landschaft gebaut wurde. Hier kamen die Leute her zur inneren Einkehr und hier feierten sie gemeinsam Hochzeiten und Taufen. Von der Kapelle geht eine einzigartige positive Energie aus, und genau diese wollten wir bewahren.«

Das raue Klima in Upper Teesdale ist der in exponierter Lage gebauten Kapelle nicht gut bekommen. Über hundert Jahre war sie heftigen Stürmen und peitschendem Regen ausgesetzt. Und da sich niemand um ihren Erhalt gekümmert hatte, gab es einiges zu tun. Nicht allein, dass eindringendes Regenwasser die Mauern beschädigt hatte, auch der Dachstuhl war marode und musste ersetzt werden. Leitungen und Rohre für Sanitär- und Elektroinstallationen waren nicht vorhanden und mussten daher erst einmal verlegt werden.

Camenzind ging es bei diesem Projekt darum, die historische Bausubstanz zu erhalten und zu neuem Leben zu erwecken. Dies galt für den großen Innenraum ebenso wie für die hübschen gotischen Fenster, die viel Licht ins Innere lassen. Oberhalb der Fenster ließ er ein Zwischengeschoss als Schlafbereich einziehen, was nicht ganz leicht war, zumal dadurch nur wenig Kopffreiheit blieb. Das Team musste sich also etwas einfallen lassen, um die Schlafzimmer geräumiger, praktischer und wohnlicher zu gestalten. »Jedes Detail, einschließlich der Einbauschränke, musste genau durchdacht werden«, erzählt Camenzind. »Wir haben in unserem Studio sogar ein Modell der Kapelle nachgebaut, anhand dessen wir unsere Ideen auf ihre Realisierbarkeit überprüfen konnten. Wir wollten eine stimmungsvolle Ferienunterkunft im traditionellen Baustil dieser Gegend als Ausgangspunkt für Ausflüge in die herrliche Umgebung mit ihrem vielfältigen Freizeitangebot. Historische Gebäude wie dieses bekommen durch das Altern einen ganz eigenen Charme, denn sie werden eins mit der Umgebung. So etwas kann man nicht kopieren.«

KREATIVE ZWECKENTFREMDUNG

REIMAGINED

ABBILDUNGEN

Seite 205: Die alten Mauern der Kapelle behielt Camenzind unverändert bei. Die Dachschindeln ließ er wiederaufbereiten, weil ein neues Dach weniger gut in die Landschaft gepasst hätte.

Seite 206 oben: Bis 1880 hatten sich die einheimischen Methodisten eine andere Kapelle mit den Baptisten geteilt, dann aber ihre eigene gebaut. Die Männer besorgten Steine aus dem Steinbruch, die Frauen organisierten Spendenbasare.

Seite 206 unten: Die Kapelle liegt im Wandergebiet Teesdale in den North Pennines unweit des berühmten High-Force-Wasserfalls.

Seite 207 oben: Das Interieur ist modern, offen und hell mit traditionellen Details, die zum Haus sowie zu seiner Umgebung und Geschichte passen. Der Esstisch besteht aus alten Eisenbahnschwellen. Auch die von der Terrasse zum Garten führenden Stufen wurden aus Eisenbahnschwellen gefertigt.

Seite 207 unten links: Über eine Treppe gelangt man ins Zwischengeschoss. Dort befinden sich drei Schlafzimmer, zwei davon mit eigenem Bad. Im Erdgeschoss gibt es noch ein weiteres Schlafzimmer mit großem Bad.

Seite 207 unten rechts: Heute ist die Kapelle ein Ferienhaus für bis zu sieben Personen, die hier in gemütlich ländlicher Atmosphäre Urlaub machen und den Blick auf die umliegenden Täler genießen können.

WHITE ROOM

LYNDA GARDENER | MELBOURNE, AUSTRALIEN

Seit 25 Jahren lebt Lynda Gardener in Fitzroy, einem für seine vielen Boutiquen, Kunstgalerien, Restaurants und Pubs bekannten Vorort von Melbourne. Die Innenarchitektin und Stylistin betreibt ein eigenes Vintage-Einrichtungsgeschäft. Mit 19 begann sie in einer großen Modefirma, wo sie sich hocharbeitete und auf visuelles Merchandising sowie die Ladendekoration der australienweit vertretenen Filialen ihrer Firma spezialisierte. Nach zehn Jahren eröffnete sie ihr eigenes Geschäft »Lynda Gardener: CURATED«, in dem sie mit Wohnaccessoires, Vintage-Möbeln, rustikalen Raritäten und Stücken aus ihrer eigenen Sammlung handelt.

White Room ist eine Atelierwohnung in einem ehemaligen, Anfang des 20. Jahrhunderts erbauten Lagerhaus einer Matratzenfabrik. Als Gardener den Raum kaufte, war er komplett verfallen, voller alter defekter Autos und die Decken waren teilweise eingestürzt – nach aufwendiger Renovierung und Asbestsanierung konnte sie einziehen. Das war vor über 15 Jahren.

Die Wohnung liegt in dem Teil des Gebäudes, in dem sich einst die Toiletten und Waschräume für die Fabrikarbeiter befanden. Gardener hatte den Raum zunächst in ein Büro umgebaut. »Es war ein schöner heller Raum. Ich habe dann noch alte Glastüren vom Wertstoffhof und ein kleines Bad einbauen lassen, aber das Büro einfach nicht oft genug genutzt«, erklärt sie. »Ich hatte ja schon mehrere Wohnungen, die ich vermietete. Aus diesem Raum wollte ich daher etwas ganz Besonderes machen. Ich ließ alles rausreißen, fing noch mal ganz von vorne an und suchte mir schöne alte Möbel, die meinen Vorstellungen entsprachen. Was mir vorschwebte, war ein einfarbig gehaltenes Apartment, das sich von der Masse der 0815-Hotelzimmer abhebt.«

Gardener hat ein geschultes Auge bei der Auswahl von Vintage-Objekten: Ob Lampen im Industriedesign, handgewebte französische Leinenstoffe oder Kunst vom Trödelmarkt, alles ist exquisit zusammengestellt. Fast alles hier sind Gebrauchtgegenstände, die einzigen Ausnahmen sind Bett, Bettwäsche und Teppiche. Gardener sagt: »Ich war schon immer eine Sammlerin und greife oft spontan zu. Ich habe Dinge von überall auf der Welt ge- und verkauft und werde wohl mein Leben lang Flohmärkte besuchen, immer auf der Suche nach dem nächsten Fund.«

Normalerweise beginnt bei ihr alles mit einem neuen Anstrich. »Alte Möbelstücke heben sich von einem kräftigen Hintergrund einfach besser ab«, sagt sie. »Und überhaupt ist ein Mix aus Alt und Neu perfekt für jeden Raum. Manchmal kombiniere ich Historisches mit neuen Teppichen in kräftigen Farben oder mit einem modernen Kunstwerk. Es geht nichts über alte Mauern. Altes hat Charakter. Abgenutzte Fußböden, schäbige Wände, Risse und abgewetzte Oberflächen – all das macht einen Raum einzigartig. Nichts ist vorhersehbar. Das gefällt mir am meisten. Ich kann mir nicht vorstellen, dass ›altes Zeug‹ irgendwann einmal keinen Platz mehr in der Raumausstattung haben wird, jedenfalls nicht bei mir. Mit liebevoll zusammengesammelten Vintage-Unikaten verleiht man einer Wohnung seine ganz persönliche Note und gewährt Einblicke in die eigene Seele.«

KREATIVE ZWECKENTFREMDUNG

ABBILDUNGEN

Seite 211: Der in einem Second-Hand-Geschäft gekaufte Küchentrolley mit Einlegeböden aus Edelstahl stand früher in einer Zahnarztpraxis. Auch der Küchenschrank aus einem Geschäft in Melbourne hatte ursprünglich einem Zahnarzt gehört. Die außen an der Fassade emporwachsenden Efeuranken haben es irgendwie bis in die Wohnung hinein geschafft, und da Gardener die Ranken gefielen, wurde der Wildwuchs einfach so belassen.

Doppelseite 212/213: Ein Holzschemel fungiert als Nachttisch. Der weiß gestrichene Landhaustisch aus den 1920er-Jahren stammt wie vieles in diesem Raum vom Flohmarkt.

Seite 214: Heute wird die Ein-Zimmer-Einliegerwohnung als Feriendomizil vermietet. Sie verfügt über Küche, Bad und einen separaten Eingang. Waschbecken, Spülbecken und Armaturen stammen von den Wertstoffhöfen der näheren Umgebung.

KENT RESERVOIR

BRINKWORTH | KENT, GROSSBRITANNIEN

Brinkworth-Chef Kevin Brennan entdeckte die beiden Wasserspeicher 2007. Zu dem Zeitpunkt lag die Genehmigung für den Umbau in zwei Einfamilienhäuser bereits vor. Der östliche, neuere Speicher war 1955 neben den alten aus dem Jahr 1938 (Architekt war damals Shane Jell) gebaut worden. Beide haben zusammen ein Füllvolumen von über zwei Millionen Litern und liegen auf einem Hügel oberhalb von Harrietsham in der Grafschaft Kent. In den 1980er-Jahren wurden sie stillgelegt.

Brinkworth war zuvor bereits mit dem Umbau der Londoner Wohnung des jungen britischen Künstlers Dinos Chapman und der Textil-Designerin Tiphaine de Lussy beauftragt worden. Als Brennan von der Suche des Paares nach einem Haus auf dem Land hörte, kamen ihm unwillkürlich die Wasserspeicher in Kent in den Sinn, denn hier konnte man neben dem Wohnbereich nicht nur Gästezimmer, Atelier und Galerie unterbringen, sondern auch ein großzügiges Freizeitareal (Swimmingpool, Sauna, Terrasse, Garten) anlegen.

In Anlehnung an die Arbeiten seines Professors und Mentors Fred Scott, des Verfassers von *On Altering Architecture*, sagt Brennan: »Bei Brinkworth sind wir der festen Überzeugung, dass ein Interieur großteils durch das Gebäude bestimmt wird. In diesem Fall hatten wir es weniger mit einem Haus zu tun, für das ein Architekt verantwortlich ist, sondern mit einem ehemaligen Industriegebäude, also mit einem Objekt der Ingenieurskunst, das man nur geringfügig verändern durfte.«

Die größte Herausforderung bei den Umbauarbeiten war die Berücksichtigung der Statik. »Anfangs fühlten wir uns eher wie Archäologen oder Ingenieure, denn wir wollten den Bau als solchen ja erhalten«, erklärt Brennan. »Eben dieser Bau mit seinen charaktervollen Betonoberflächen, die jahrzehntelang Millionen Liter Wasser gehalten hatten, war das einzig Ausschlaggebende. Ihm hatte sich das Design unterzuordnen. Neben den reinen Erhaltungsmaßnahmen ging es uns aber auch um Nachhaltigkeit. Deshalb installierten wir Wärmepumpen sowie Anlagen zur Regenwasser- und Wärmerückgewinnung. Auch die Wiederherstellung des ökologischen Gleichgewichts war uns ein Anliegen.«

Aus den ebenerdigen, durch Stützpfeiler voneinander getrennten, 5 × 5 Meter großen Betongevierten machte Brinkworth Wohnräume. Die eingezogenen Zwischenwände fungierten gleichzeitig als Stützelemente. Damit genügend Licht ins Innere fällt, wurden groß Fensteröffnungen in die Betonfassade gebrochen. An der Südseite sorgt ein 30 Meter langes und 5 Meter breites Schwimmbecken für Freizeitspaß. Ein zusätzliches Highlight ist der auf das Erdgeschoss aufgesetzte modernistische Stahl-Glas-Pavillon.

»Upcycling von alten Industriegebäuden wird immer beliebter«, erläutert Brennan. »Davon zeugen zahlreiche umgebaute Kraftwerke, Fabriken und Lagerhallen. Man nehme als Beispiel nur die Tate Modern. Daran haben wir uns bei diesem Projekt orientiert. Durch die Umwandlung in Wohnraum kommen alte Industriegebäude zu neuen Ehren und werden zu Meilensteinen der Architekturgeschichte.«

REIMAGINED

KREATIVE ZWECKENTFREMDUNG

ABBILDUNGEN

Seite 217: Die Raumaufteilung des Kent Reservoir richtete sich nach den noch deutlich erkennbaren Betongevierten des ursprünglichen Baus. Im Erdgeschoss entstanden sechs Räume mit poliertem Betonboden inklusive einer offenen Küche.

Seite 218 oben: Das Haus wurde nachhaltig und umweltfreundlich gebaut. In unmittelbarer Nähe befindet sich eine Grauwasser-Recycling- und Regenwasser-Sammelanlage. Hier werden Abwässer und Regenwasser zu Betriebswasser für Toilettenspülung und Gartenbewässerung aufbereitet.

Seite 218 unten: Zwei große Zimmer mit integriertem Bad, ein Schlafzimmer und zwei Gästezimmer haben direkten Zugang zu einem Langschwimmbecken an der Südseite des Hauses.

Seite 219 oben: Im Schlafzimmer kontrastieren kuschelige Felle, weiche Stoffe und elegante Lüster mit der unverputzten Betondecke.

Seite 219 unten: Der verglaste Dachpavillon führt hinaus auf eine Terrasse. Im Obergeschoss wurde ein Fußboden in warmer Eiche verlegt.

Doppelseite 220/221: Über Küche und Wohnbereich erstreckt sich ein 15 Meter langes versenkbares Terrassenfenster, das jede Menge Licht ins Haus lässt. Weiterer angenehmer Nebeneffekt: Wohnbereich und Garten verschmelzen miteinander.

Seite 222: Das Wasser der Fußbodenheizung und des Swimmingpools wird mittels Wärmepumpe erwärmt.

LE MOULIN & LE FOUR

PIET HEIN EEK | MAVALEIX, FRANKREICH

Nach Abschluss seines Studiums an der Design Academy Eindhoven gründete Piet Hein Eek seine eigene Design-, Produktions- und Vertriebsfirma. Sitz des Unternehmens ist ein 10 000 Quadratmeter großes Gebäude in Eindhoven, in dem Holz-, Stahl-, Polster-, Montage-, Lackierer- und Keramikwerkstätten untergebracht sind. Hier werden Möbel und Einrichtungsgegenstände in limitierter Stückzahl oder Kleinserien produziert, oft aus scheinbar wertlosen, unbrauchbaren Materialien.

Zu dem Zeitpunkt, als ihm der Umbau einer aus dem 19. Jahrhundert stammenden Mühle (Le Moulin) samt Backstube (Le Four) im Département Dordogne angeboten wurde, waren die beiden Gebäude völlig verfallen. Fünf Jahre lang lag das Projekt auf Eis, und so brauchte Eek für seine liebevolle Sanierung insgesamt zehn Jahre. Zusammen mit seiner Kollegin Iggie Dekkers baute er beide Gebäude in attraktive Ferienwohnungen um.

Eeks Philosophie bestand schon immer darin, aus dem Vorhandenen ein Maximum herauszuholen. Für Ruinen hat er ein besonderes Faible, das er folgendermaßen erklärt: »Eine Ruine ist etwas aus der Vergangenheit, bietet aber gleichzeitig die Möglichkeit des Wiederaufbaus und trägt insofern auch die Zukunft in sich. Seit dem Umbau von Le Moulin sehe ich meine Arbeit als den Versuch, eine möglichst plausible und pragmatische Brücke zwischen Vergangenheit und Zukunft zu schlagen. Im Laufe der Jahre habe ich Einblick in die Geschichte der Mühle und das damalige Leben der Menschen bekommen. Und so habe ich auch verstanden, dass die Mühle nicht ohne Grund dort steht, wo sie steht. Hier stellt die Natur vieles bereit: Das Wasser treibt die Mühle an, das Bachbett liefert Steine zum Bauen der Gebäude, und der Mühlbach wird durch das enge Tal quasi auf natürliche Weise kanalisiert.«

Das für die Renovierung von Dach und Fenstern verwendete Holz stammt großteils aus den umliegenden Wäldern. Das Altholz aus der Ruine nutzte Eek für den Bau von Sofagestellen. Zusätzliches Altholz wurde in Belgien beschafft und für den Bau des neuen Daches verwendet. Es sollte sich nämlich optisch nicht zu sehr vom alten unterscheiden. Vor allem benötigte Eek jedoch Steine. Diese wurden mit der Baggerschaufel aus den verfallenen Mauern gelöst, sorgfältig selektiert und dann für einen originalgetreuen Wiederaufbau verwendet.

Wiederverwertung ist für Eek eine Selbstverständlichkeit. Trotzdem lautet sein Wunsch: »Statt nach Lösungen für die Folgen unseres hemmungslosen Konsums zu suchen, sollten wir lieber auf unseren gesunden Menschenverstand hören und weniger konsumieren. Unserer Ansicht nach ist alles bereits vorhanden, man muss es nur verwenden. Bei jeder Form von kreativem Schaffen muss man bedenken, dass die Natur uns eben nicht alles liefert. Aber das, was sie uns zu bieten hat, sollten wir nutzen.«

KREATIVE ZWECKENTFREMDUNG

ABBILDUNGEN

Seite 225: Kunstwerke und Möbel von Piet Hein Eek sowie anderen Künstlern und Designern prägen das Interieur der alten Mühle. Die bunten Streifen an der Wand stammen von Jan van der Ploeg. Im Wohnzimmer hängt ein von Eek entworfener moderner Lüster aus 62 Vintage-Lämpchen.

Seite 226 oben: Der orangefarbene Schrank wurde aus Altholz gefertigt, die Sofagestelle aus alten Eichen-Wandpaneelen.

Seite 226 unten links: Für den Wiederaufbau der Mauern wurden alte Steine wie ein Puzzle zusammengesetzt. Als Fugenmaterial diente Zement, während beim ursprünglichen Bau wohl noch Lehm zum Einsatz gekommen war.

Seite 226 unten rechts: An den Dachbalken im Schlafzimmer hängen noch mehr von Eeks Lampenkreationen. Diese hier wurden aus poliertem Edelstahl gefertigt.

Seite 227 oben: Mühle und Backstube wurden renoviert und können jetzt als Ferienhäuser unter dem Namen Le Moulin & Le Four gemietet werden. Sie bieten genug Platz für zwei Familien oder eine größere Gruppe. Im Sommer fungiert ein 20 Meter langer Kanal als Swimmingpool.

Seite 227 unten links: Auf der Terrasse des oberen Gebäudes steht ein von Eek entworfener, in limitierter Stückzahl hergestellter Stuhl aus alten Rohrstücken.

Seite 227 unten rechts: Die übereinander in die Wand eingebauten Fenster sind eine speziell für diesen Raum entwickelte Design-Idee. Sie sollen die Höhe des Raumes unterstreichen und die dahinterliegende Mauer sichtbar machen.

Seite 228: Blickfang des gemütlichen Wohnzimmers von Le Four ist ein Deckenlüster aus Sperrholz.

FITZROY LOFT

ARCHITECTS EAT | MELBOURNE, AUSTRALIEN

1880 gründete Sir Macpherson Robertson die MacRobertson's Steam Confectionery Works. Hundert Jahre lang befand sich der Sitz der Schokoladenfabrik im Melbourner Vorort Fitzroy, bevor er nach Ringwood verlagert wurde. Die alte Fabrik diente daraufhin zunächst als Wohn-, später als Bürogebäude, auch eine Aikido-Schule war hier einige Zeit untergebracht. 2015 wurde das in Melbourne ansässige Architekturbüro EAT damit beauftragt, den ersten Stock – mit insgesamt 250 Quadratmetern Fläche – in ein Loft umzubauen.

Fabrikhalle und Lagerhaus waren zwischen 1890 und 1910 errichtet worden. Aufgrund des architekturgeschichtlichen Wertes hatte der Bezirk Yarra City das Gebäude unter Denkmalschutz gestellt. Das bedeutete, dass äußerlich sichtbare Veränderungen nicht gestattet waren. Architekt Albert Mo berichtet: »Die Grundstruktur musste erhalten bleiben. Die später eingezogenen Wände und Decken wurden entfernt. Darunter kamen verkohlte Balken und Reste alter Farbanstriche zum Vorschein. Daran haben wir nichts verändert.«

Die Baubehörde hatte die Komplettentfernung des Daches untersagt. Daher mussten sich die Architekten etwas einfallen lassen, um Licht und Luft ins Loft zu bringen. Sie entschieden sich für drei verglaste Lichthöfe. Der erste grenzt an Wohnzimmer und Küche. An dieser Stelle wurde das Dach durch ein feines Metallgitter ersetzt, wodurch der Anschein eines grünen Innenhofs entsteht. Nach außen änderte sich an der Fassade damit nichts. Der zweite trennt Bad und Schlafbereich vom Wohnbereich. Die oberen Bereiche sind durch eine Stahlbrücke miteinander verbunden. Ein dritter Lichthof sorgt für angenehmes natürliches Leselicht in der Bibliothek. Die drei Höfe machen das Loft aber nicht nur heller, sondern vermitteln darüber hinaus ein Gefühl von Höhe und Transparenz.

Stahlträger und Glasfenster kontrastieren mit alten Holzpfosten und -balken. Im Gegensatz zu vielen anderen Projekten ähnlicher Art entschied man sich hier nicht für die typischen Lagerhaus-Elemente wie Industrieleuchten und Metrofliesen. »Wir haben es vorgezogen, das alte Gemäuer mit einem neuen, dazu passenden Innenleben und Komfort auszustatten«, sagt Mo. »Die Außenhülle der alten Fabrik war wie ein Korsett, das wir bereitwillig angelegt haben, um zu zeigen, wie viel man mit geschickter Raumaufteilung, durchdachter Lichtinstallation und dem richtigen Materialmix aus einem Gebäude herausholen kann. Die von uns verwendeten Materialien bereichern den Raum durch ihre Struktur, Geschichte und Haptik, ja sogar durch ihren Geruch. Wie viele andere bin auch ich begeistert vom kreativen Potenzial alter Baumaterialien, ob recycelt, gefunden oder geschenkt. Sie ermöglichen die Umsetzung völlig neuer Design-Ideen bei gleichzeitiger Kostenminimierung. Wenn wir Vorhandenes nicht nutzen, brauchen wir gar nicht erst von Nachhaltigkeit zu sprechen. Nur wenn wir die Notwendigkeit der Wiederverwertung erkennen und neugierig genug sind, wird diese Art von Design und Architektur in Zukunft Bestand haben oder sogar an Boden gewinnen.«

REIMAGINED

KREATIVE ZWECKENTFREMDUNG

REIMAGINED

ABBILDUNGEN

Seite 231: Ein Lichthof sorgt für ausreichend Helligkeit im 250 Quadratmeter großen Fitzroy Loft. Das Apartment befindet sich im ersten Stock der Lagerhalle einer ehemaligen Schokoladenfabrik. Die Eingangstür ist ebenerdig. Das Projekt wurde mit dem Australian Interior Design Award ausgezeichnet.

Seite 232: Eine Stahlbrücke verbindet die Räume im Obergeschoss. Damit die Konstruktion möglichst luftig wirkt, wurde der Boden der Brücke perforiert. In den Sommermonaten sorgt ein Lamellenfenster im Sägezahndach für kühlen Durchzug.

Seite 233 oben: Der dritte Lichthof lässt Tageslicht in das im Halbgeschoss liegende Arbeitszimmer. Hier sind auch noch die Original-Balken und -Pfosten erhalten.

Seite 233 unten und Seite 234 oben: Durch die großen Stahl-Glas-Fenster des Lichthofs fällt jede Menge Tageslicht in den Wohnbereich.

Seite 234 unten: Das Loft ist modern eingerichtet, ohne jedoch im typischen Lagerhallen-Industriestil gehalten zu sein. Das von oben einfallende Licht erzeugt interessante Licht- und Schattenspiele auf dem Betonboden.

PAVILLON D'ÉTÉ

NOÉMIE MENEY | TOULON, FRANKREICH

Die Geschichte dieses Ziegelhäuschens, das jahrelang völlig heruntergekommen im Garten eines Ferienhauses in Toulon stand, gibt Rätsel auf. Auffällig sind der hohe Innenraum und der große offene Rundbogen an der Vorderfront, dank dessen ein fließender Übergang zwischen Innen- und Außenraum gegeben ist. Genau dieses Gefühl von Raumhöhe und diese Durchlässigkeit wollte Noémie Meney erhalten, als sie mit dem Umbau der Immobilie in ein Ferienhaus beauftragt wurde.

Bei der Innenraumgestaltung ließ sich die Architektin von den Schwalben inspirieren. Der Schlafbereich wurde nämlich ähnlich wie ein Schwalbennest direkt unter dem Dach angelegt, davor ein Sichtschutz aus Weidengeflecht, durch den man wie bei Jalousien oder traditionellen islamischen Fenstergittern (Maschrabiyya) von innen nach außen blicken kann, ohne selbst gesehen zu werden. Dazu Meney: »Weidengeflecht ist ziemlich lichtdurchlässig und erzeugt, im Gegensatz zu Gittern aus kalten Materialien wie etwa Metall, ein sehr schönes, weiches Raumlicht.«

Im Erdgeschoss befindet sich das Wohnzimmer mit abgetrenntem Küchenbereich und Bad. Rund um die Dusche kann ein Vorhang zugezogen werden, aber wer beim Duschen den Blick ins Grüne genießen möchte, kann den Vorhang auch offen lassen. »Dadurch bleibt der direkte Bezug zwischen drinnen und draußen erhalten«, erklärt Meney.

Die größte Herausforderung war es, nicht nur die Durchlässigkeit nach draußen zu bewahren, sondern auch Raumhöhe zu erhalten sowie den Rundbogen, durch den man von jeder Stelle im Inneren des Hauses Garten und Himmel sieht. Die Lösung bestand darin, eine zweite Vorderfront einzuziehen, eine zweite Fassade hinter dem Bogen. Das heißt wiederum, dass der eigentliche Wohnraum nicht das gesamte Gebäude beansprucht.

Meney verzichtete bewusst darauf, den Bogen mit einer Haustür zu versehen. Stattdessen wurde hinter dem Bogen eine Schiebetür in der inneren Fassade installiert, sodass der Innenraum nach Bedarf verschlossen werden kann. »Ich wollte nicht in die Ästhetik des Bogens eingreifen«, erklärt sie. »Eine Tür im Bogen wäre eine Barriere zwischen drinnen und draußen gewesen, und das wollte ich nicht. Beim Sichtschutz vor dem Schlafbereich habe ich mich für Weidengeflecht entschieden, weil das Naturmaterial organisch und damit nicht zu perfekt ist. Es variiert in Form und Farbe. Das kam meinem Wunsch nach Naturverbundenheit entgegen. Außerdem zeigt es, dass nicht alles im Universum normierbar und vom Menschen beherrschbar ist. Ich wollte nichts Statisches. Zudem passt Weide gut zu dem alten Haus, das vor fast hundert Jahren nach handwerklicher Tradition gebaut wurde – das Herstellen von Weidengeflechten ist ja auch eine handwerkliche Tätigkeit. Architektonisches Design sollte einem Gebäude nie willkürlich übergestülpt werden, sondern das Gebäude zur Geltung bringen, indem es seine besonderen Merkmale unterstreicht.«

KREATIVE ZWECKENTFREMDUNG

ABBILDUNGEN

Seite 237: Das Ferienhaus bietet ausreichend Platz für zwei Personen. Es verfügt über Küche, Bad, Schlaf- und Wohnzimmer.

Seite 238: Nur der hintere Teil des Ziegelbaus wurde in Wohnraum umgestaltet – der Rundbogen an der Vorderseite blieb erhalten. Vor dem Schlafbereich schützt ein Sichtschutz aus Weidengeflecht (wie man es von Stuhlsitzflächen kennt) vor neugierigen Blicken.

Seite 239 oben: Das versteckt hinter einem Weidensichtschutz liegende »Schlafnest« nimmt so wenig Platz wie möglich ein.

Seite 239 unten links: Bei Bedarf kann der Wohnbereich durch Zuziehen einer lichtdurchlässigen Schiebetür geschlossen werden.

Seite 239 unten rechts: Vor dem Umbau stand das Gebäude jahrelang leer. Eventuell hatte es aber auch als Gartenatelier gedient.

Seite 240: Bei abendlicher Beleuchtung dringt durch das Weidengeflecht sanft gefiltertes Licht nach draußen in den Garten. Dank der offenen Bauweise ist überall der direkte Bezug zum Außenraum gegeben – selbst in der Dusche, sofern man beim Duschen den Vorhang offen lässt.

THE BERLIN LOFT

PHILIPP GERTNER | BERLIN, DEUTSCHLAND

Der in Polen geborene Philipp Gertner zog im Alter von neun Jahren mit seiner Familie nach Deutschland. Nachdem er in Deutschland, Paris, New York und Argentinien International Business Administration studiert hatte, arbeitete er anfangs als freiberuflicher Business-Coach mit Schwerpunkt Marketing für diverse Start-up-Unternehmen. 2014 gründete er zusammen mit anderen Fabrik 23, eine Event-Agentur, die ihr Büro in demselben Fabrikgebäude hat, in dem sich auch seine Wohnung, The Berlin Loft, befindet. Seitdem ist Gertner vor allem in den Bereichen Inneneinrichtung und Interior-Design tätig.

Das über hundert Jahre alte Gebäude liegt versteckt in einem Innenhof im Berliner Stadtteil Wedding. Seit 1906 hatten hier diverse Manufakturen und Werkstätten ihren Sitz. Einschusslöcher in den Mauern erinnern an die Zeit des Zweiten Weltkriegs. Nach dem Mauerfall stand das Gebäude längere Zeit leer, diente allerdings häufig als Location für Partys mit bis zu 1000 Gästen. Heute gehört es einem wohlhabenden New Yorker Kunstbegeisterten und wird von zahlreichen Künstlern und Handwerkern genutzt.

Als Gertner im Jahr 2011 den seit Jahren leer stehenden Raum für das spätere Loft entdeckte, war dieser völlig heruntergekommen. Strom, Heizung und fließendes Wasser gab es nicht. Die unverputzten Decken und Mauern waren die ideale Kulisse für Upcycling-Möbel im Shabby-Look sowie originelle Einzelstücke. »Ich arbeite mit dem, was ich an Interieur und Objekten vorfinde, und setze dabei auf die Magie der Patina«, sagt Gertner. »Mein Ziel war die Schaffung rauer Schönheit und Eleganz durch die Kombination von Vintage- und Industriemöbeln mit Materialien wie Altholz, Kupfer, Beton oder Cortenstahl. Recycling-Materialien ändern im Laufe der Zeit ihre Farbe und Form. Sie unterliegen keinem Trend, sondern sind materialisierte Geschichte. Nehmen wir als Beispiel den alten Zeichentisch. Den kann ich mir immer wieder ansehen. Der wird nie langweilig. Ich habe daraus eine Bar gemacht und LED-Lampen daran montiert. So werden die Flaschen von unten beleuchtet. Ein zeitloses Stück.«

Der Fußbodenbelag in Gertners Loft besteht aus den Brettern alter Holzpaletten. Überall stehen Upcycling-Möbel, die er selbst aus Altholz, alten Fensterrahmen, Türen, Weinkisten und anderen Kleinteilen aus dem Keller der Fabrik gefertigt hat. Gertner kennt mittlerweile viele Händler in Deutschland und Polen, bei denen er auf der Suche nach seltenen Vintage-Objekten fündig wird. »Gebrauchte Dinge haben eine Geschichte und bewirken ein Umdenken in Bezug auf materielle Werte«, sagt er. »Das Produzieren immer neuer Güter ist schlecht für die Umwelt, mit Recycling-Produkten wird Konsum dagegen umweltfreundlich und macht wieder Spaß. Noch vor Kurzem wurde Upcycling als Basteln mit minderwertigen Materialien belächelt. Das hat sich mittlerweile geändert, denn die Leute merken allmählich, dass es das nicht ist.«

REIMAGINED

KREATIVE ZWECKENTFREMDUNG

KREATIVE ZWECKENTFREMDUNG

REIMAGINED

ABBILDUNGEN

Seite 243: Die Bodendielen in Gertners Loft wurden aus den Brettern alter Holzpaletten gefertigt.

Seite 244 oben: Der Vitrinenschrank ist ein Erbstück von Gertners Großmutter, die ihn in den 1960er-Jahren in Polen gekauft hatte.

Seite 244 unten: Der Esstisch war das erste Möbelstück, das Gertner für das Loft anfertigen ließ. Er besteht aus Altholz und Teilen alter Holzpaletten, die er im Keller der Fabrik gefunden hatte. Das Sideboard ist aus Bauholz.

Seite 245 oben links: Vor der Küchentheke aus Altholz und Holzpaletten stehen zwei Arbeitshocker. Darüber hängt eine alte Fabrikleuchte.

Seite 245 oben rechts: Alles Vintage: Eine im Keller der Fabrik entdeckte Ofentür als Schranktür, Holzpaletten als Pflanzregal, ein altes Fenster als Tischplatte und ein alter Dielenboden aus einer Turnhalle.

Seite 245 unten: Der Schubladenschrank wurde aus alten französischen Weinkisten und recycelten Kaffeesäcken gefertigt. Die Küchenfronten bestehen aus Alt- und Palettenholz. Als Griffe dienen alte Porzellansicherungen.

Doppelseite 246/247: Das Sideboard wurde aus Altholz, zwei kleinen Fenstern aus dem 19. Jahrhundert und Teilen von Türen aus den 1920er-Jahren gefertigt. Darüber dient eine gusseiserne Leiter mit Glasplatte als Wandregal. Alte Rohre fanden gleich mehrfach Verwendung: zum einen bei der Hängelampe, zum anderen beim Weinkisten-Tisch im Vordergrund.

Seite 248: Der Holzschrank stammt aus einer Berliner Fabrik, die zweiarmige Lampe aus einem Großraumbüro.

DESIGNER & ARCHITEKTEN

RECLAIMED AUS ALT MACH NEU	**REVIVED** FRISCHES IN FLAIR ALTEN MAUERN	**REIMAGINED** KREATIVE ZWECKENTFREMDUNG
Atlanta Treehouse peterbahouth.com	**York House Apartment** patricklewisarchitects.com	**Alpine Barn Apartment** ofis-a.si
Whitehorse designbuildbluff.org	**White House** wtarchitecture.com	**Light Studio** manoloyllera.com
747 Wing House davidhertzfaia.com	**Tiny House** jhinteriordesign.com	**Garage Loft** bricksstudio.nl
Saigon House a21studio.com.vn	**Appartamento Chic Fish** thechicfish.com	**La Fábrica** ricardobofill.com
Remisenpavillon wirth-architekten.com	**Astley Castle** wwmarchitects.co.uk	**Tribeca Loft** andrewfranz.com
Love Art Studio facebook.com/TheLoveArtStudio	**Apartamento Eixample** eoarquitectura.com	**Carlton North Apartment** hearthstudio.com.au
Cañon City Container Cabin tomecekstudio.com	**Apartment Russell/Fontanez** lot-ek.com	**Chapel on the Hill** evolution-design.info
Telegraph Pole House whbca.com	**Home B** quintanapartners.com	**White Room** thewhitehousedaylesford.com.au
Hut on Stilts nozomi-nakabayashi.com	**Sommer Apartment** loft-kolasinski.com	**Kent Reservoir** brinkworth.co.uk
Tiny Texas Houses tinytexashouses.com		**Le Moulin & Le Four** pietheineek.nl
Casa El Mirador ccarquitectos.com.mx		**Fitzroy Loft** eatas.com.au
HemLoft thehemloft.com		**Pavillon d'Été** meney_noemie@yahoo.fr
		The Berlin Loft the-berlin-loft.com

BILDNACHWEIS

Einbandvorderseite © David Hertz; Shutterstock – Nik Merkulov. Einbandrückseite (von links oben nach rechts unten) © Sebastian Zachariah, Chris Humphreys, Albert Vecerka-Esto, Philip Vile.

S. 2 © Fabrizio Cicconi; S. 4 © Ricardo Bofill; S. 6 © Manolo Yllera; S. 9 © Felix Oberhage.

RECLAIMED – AUS ALT MACH NEU: S. 10–11 © Rafael Gamo; S. 13–16 Atlanta Treehouse © Alex Martinez; S. 19–24 Collage House © Sebastian Zachariah; S. 27–30 Whitehorse © Scot Zimmerman (außer S. 29 oben © Spencer Anderson); S. 33–36 747 Wing House © David Hertz; S. 39–42 Saigon House © Toan Nghiêm; S. 45–48 Remisenpavillon © Christian Burmester; S. 51–56 Love Art Studio © Pui Ngowsiri (außer S. 52 unten links, S. 53 unten links und rechts © Sophie Crichton); S. 59–62 Cañon City Container Cabin © Tomecek Studio; S. 64–70 Telegraph Pole House © Tian Xing und Ken Soh; S. 73–76 Hut on Stilts © Henrietta Williams; S. 79–82 Tiny Texas Houses © Brad Kittel; S. 85–88 Casa El Mirador © Rafael Gamo; S. 91–94 HemLoft © Heidi Allen.

REVIVED – FRISCHES FLAIR IN ALTEN MAUERN: S. 96–97 © Philip Vile; S. 99–102 York House Apartment © Simon Kennedy; S. 105–108 White House © Andrew Lee; S. 111–114 Tiny House © Lincoln Barbour; S. 116–120 Private House in Milan © Fabrizio Cicconi; S. 123–128 Astley Castle © Philip Vile; S. 131–134 Apartamento Eixample © Adria Goulà (außer S. 132 unten rechts © Adrian Elizalde); S. 137–140 Apartment Russell/Fontanez © Danny Bright (außer S. 138 unten © Nicholas Calcott); S. 143–148 Home B © Joao Gaudenzi; S. 151–156 Sommer Apartment © Karolina Bak.

REIMAGINED – KREATIVE ZWECKENTFREMDUNG: S. 158–159 © Ricardo Bofill; S. 161–166 Alpine Barn Apartment © Tomaz Gregoric; S. 169–174 Light Studio © Manolo Yllera; S. 177–180 Garage Loft © Valentine Harmsen; S. 183–188 La Fábrica © Ricardo Bofill (außer S. 185, S. 188 © Richard Powers); S. 191–196 Tribeca Loft © Albert Vecerka-Esto; S. 199–202 Carlton North Apartment © Lauren Bamford; S. 205–208 Chapel on the Hill © Chris Humphreys; S. 211–214 White Room © Lisa Cohen; S. 217–222 Kent Reservoir © Louise Melchior; S. 225–228 Le Moulin & Le Four © Thomas Mayer; S. 231–234 Fitzroy Loft © Derek Swalwell; S. 237–240 Pavillon d'Été © Germain Ferey; S. 243–248 The Berlin Loft © Anne-Catherine Scoffoni (außer S. 244 oben und unten, S. 245 unten © Martin Rettschlag und S. 246/247 © Felix Oberhage).

S. 250 © Lisa Cohen; S. 254–255 © Joao Gaudenzi.

DANK

Ein großes Dankeschön an alle Architekten, Designer, Künstler, Hersteller und Fotografen, die zu diesem Buch beigetragen haben.

Mein besonderer Dank gilt Ali Gitlow, Andrew Hansen, Martha Jay, Paul Sloman und dem Prestel Verlag.

Danken möchte ich auch Jacqueline Milborrow, David Milborrow, Georgios Kopanias, Alexandros Nikolaidis und Elizabeth Simpson für ihre Ermutigung und ihre Unterstützung.

Ich widme dieses Buch John Brooke Edwards.

IMPRESSUM

Der Verlag weist ausdrücklich darauf hin, dass im Text enthaltene externe Links vom Verlag nur bis zum Zeitpunkt der Buchveröffentlichung eingesehen werden konnten. Auf spätere Veränderungen hat der Verlag keinerlei Einfluss. Eine Haftung des Verlags ist daher ausgeschlossen.

Verlagsgruppe Random House FSC® N001967

Aus dem Englischen übersetzt von Gabi Krause

1. Auflage
Copyright © der deutschsprachigen Ausgabe 2017
Deutsche Verlags-Anstalt, München,
in der Verlagsgruppe Random House GmbH

Titel der englischen Originalausgabe: *Renovate Innovate*
2017 erschienen bei Prestel Publishing Ltd., 14–17 Wells Street,
London W1T 3PD
Prestel Publishing, 900 Broadway, Suite 603, New York, NY 10003

© Text: Antonia Edwards 2017
Alle Rechte vorbehalten

Design und Layout: Paul Sloman | +SUBTRACT
Projektleitung: Ali Gitlow
Produktion: Friederike Schirge
Lithografie: Ludwig Media
Druck und Bindung: DZS
Lektorat der englischen Ausgabe: Martha Jay
Einbandgestaltung der deutschen Ausgabe: Sofarobotnik,
Augsburg & München
Satz und Lektorat der deutschen Ausgabe: VerlagsService
Dietmar Schmitz GmbH, Heimstetten
Printed and bound in Slovenia

ISBN 978-3-421-04052-7

www.dva.de